"La fe de Lenny Peters brilla en cada página de su libro. Es una fe que puede ayudarnos a superar los obstáculos que nos impiden realizar el trabajo de nuestra vida, tal como le ha ocurrido a Lenny".

—**Anthony Atala**, doctor en medicina, profesor y director del Instituto Wake Forest de medicina regenerativa y presidente del departamento de urología de la facultad de medicina Wake Forest de Carolina del Norte.

"Es tan refrescante leer la historia de la vida de un hombre que aprende, aspira y encuentra formas creativas de hacer el bien en el mundo. Su fe en Dios y en los demás lo ha conducido a obtener grandes logros, pero no obstante él continúa arraigado en su humildad y en su generoso deseo de dar. Las memorias del Dr. Peters alientan nuestra fe y resiliencia. Ese es su regalo para nosotros".

—**David Mounts**, presidente/CEO, Inmar Intelligence

"Desafío a cualquiera a que lea la historia de Lenny Peters, y no salir de ella con una renovada sensación de que todo es posible cuando creemos. Lenny, alguien verdaderamente original, te inspirará a ser tu mejor yo".

—**Roy E. Carroll II**, propietario y consejero delegado, The Carroll Companies

"¡Un libro maravilloso! Lenny Peters ha llevado una vida extraordinaria que puede motivarnos a todos a permanecer conectados con nuestra fe y nuestras comunidades."

—**Derek L. Ellington**, director general de banca de empresas, ejecutivo de la región Atlántico Sur, Bank of America

"Las victoriosas memorias de Lenny relatan cómo un hombre, a pesar de todos sus triunfos, nunca olvida sus raíces. Su historia hace que todo parezca posible, y este libro edificante te inspirará para hacer del mundo un lugar mejor."

—**Dave Horne**, abogado de relaciones gubernamentales y socio de Smith Anderson Law

"A menudo me he preguntado cómo adquirió el Dr. Lenny Peters sus conocimientos empresariales, su capacidad curativa y su compasión por los demás, y ahora lo sé gracias a estas generosas memorias. Con la modestia que lo caracteriza y un espíritu basado en un enorme corazón, el Dr. Peters relata una vida llena de bendiciones que nunca da por sentadas".

—**Rick Callicutt**, presidente, Carolinas y Virginia Pinnacle Financial Partners

"Lenny Peters pinta un vívido retrato de su infancia en la India y de cómo su fe en Dios lo impulsó a convertir los obstáculos en oportunidades, a mejorarse a sí mismo y a los que lo rodeaban. Estas memorias son un conmovedor testimonio de cómo el construirse a uno mismo puede permitirte ofrecer más a los demás."

—**Paul Mengert**, director general de Association Management Group

"La historia de Lenny sobre su llegada a Estados Unidos, su éxito y su generosidad, no podría ser más oportuna. Para cualquiera que busque unir sus valores cristianos con su vida profesional, este libro demuestra que ello se puede hacer, manteniéndose fiel a uno mismo."

—**Senador Don Vaughan,** profesor adjunto
de derecho, Universidad Wake Forest

Ayer descalzo, hoy benefactor

Mi historia de fe y coraje

DR. LENNY PETERS

LENNY PETERS
FOUNDATION

A mis hijos: Shirin, Elise,
Anthony y Nicole.

Contenido

PARTE IV: SIEMPRE UNA PUERTA TRASERA

PARTE V: A TRAVÉS DEL PODER DEL PERDÓN

AGRADECIMIENTOS

La autocuarentena en casa durante la pandemia de COVID-19 ha tenido sus beneficios, entre los cuales estuvo la oportunidad de escribir este libro.

Un agradecimiento especial a mi socia e hija, Elise Peters Carey, por su compromiso de tomar mi legado y mi espíritu para la próxima generación, e incluso más allá.

También quiero dar las gracias a J.R. y Matt, mis yernos, y a Ashley, mi nuera, por sus contribuciones especiales a nuestra familia.

Me siento agradecido y honrado por haber tenido el honor de haberles dado la bienvenida al mundo – y a nuestra familia – a mis nietos Cosimo, Adeline, Soma, Charlotte, Isabel, Edward y James.

Este libro también está dedicado a los muchos ángeles sin alas que han tocado mi vida y que de algún modo han dejado una huella positiva. A cada paso, a lo largo de mi existencia y a través de cuatro continentes, estas almas bondadosas han ayudado desinteresadamente, con compasión y a veces con amor duro, a encaminarme hacia mayores oportunidades y también me han guiado en este viaje hacia mi destino.

PRELUDIO

Permanecí inmóvil, sin moverme ni un milímetro; por dentro, temblaba. No podía creer que esto estuviera ocurriendo. Otra vez. Cada vez que respiraba, sentía diminutos alfileres pinchándome. Aun así, sabía que el resultado sería impresionante.

El diseñador, Luis Machicao, había prendido sus exquisitos trajes a estrellas de cine, líderes mundiales e incluso miembros de la realeza. Y ahora él había acudido a mí; ni siquiera me había exigido que me probara el traje en su estudio, tal como era su costumbre. En cambio, se quedó en mi habitación, midiendo y prendiendo, drapeando y remetiendo, para que yo pudiera lucir su diseño original cuando fuera, una vez más, a la Casa Blanca.

A diferencia de las otras veces, cuando me habían invitado a participar en grandes actos, esta vez me habían invitado a una reunión privada con el presidente, donde conocería a los jefes de Estado, al vicepresidente y a sus familias. Por supuesto, ya había tenido el honor de conocer a figuras tan ilustres, pero no en un entorno tan íntimo. El traje, esta vez, tenía que ser perfecto. Tenía que ser el mejor traje que jamás haya lucido para conocer a otros presidentes.

La ocasión era Navidad, así que la tela que habíamos seleccionado para el saco de gala era de un rojo granate intenso, con el brocado más sutil entretejido en sus hilos de seda. El ribete, un negro sencillo y clásico, hacía juego con los elegantes pantalones negros. Un saco refinado pero festivo, que hablaba tanto de riqueza como de confianza: la confianza de vestir de rojo ante el hombre más poderoso del mundo.

"Bonito traje", diría más tarde el presidente, tomando la tela entre los dedos. "Me gustaría tener un saco como este. ¿Dónde puedo hacerme uno?"

"Señor presidente", respondí con orgullo, "mandaré hacer un traje como este, especialmente para usted".

Sonrió, complacido. Me apartó y me presentó a otras personalidades. Hablamos de la India, mi país natal. Antes, en la recepción para doscientas personas, todos dignatarios, senadores y ricos mecenas, me sorprendió ver que yo era el único indio entre ellos; algo que no había ocurrido en actos anteriores en la Casa Blanca. Esta vez, solo yo representaba a mi país.

Más tarde, hablando con el jefe de personal, pregunté: "¿Dónde está el embajador indio? Parece que soy el único indio aquí".

"Oh, no lo han invitado", respondió, encogiéndose de hombros. "Tú eres más importante".

No importaba si era un halago o la verdad. Me henchí de orgullo, maravillado por lo lejos que había llegado en las seis décadas transcurridas desde mi nacimiento. ¿Podría haber imaginado alguna vez que estaría en privado con el presidente de los Estados Unidos?

Y sin embargo desde el principio supe de algún modo que ese había sido exactamente el destino que tenía ante mí. Fue el universo quien abrió el camino.

PARTE I

COMIENZA MI DESTINO

*"El éxito no es definitivo,
el fracaso no es fatal.
Lo que cuenta es el valor
para continuar".*

Sir Winston Churchill

Un Jardín del Edén en el mar Arábigo

Me gusta ganar. Más concretamente, me gusta superar cualquier reto que se me presente. Incluso de niño, algo tan sencillo como un juego de canicas se convertía en una prueba de mi capacidad para dominar el problema en cuestión. Cuando acababa la escuela y terminábamos nuestras tareas, los chicos a veces se reunían en el patio de la aldea para jugar al *golli gundu*.

Había una serie de tres agujeros tallados en la tierra, desgastados por nuestras muchas partidas de *golli*. El objetivo era meter todas las canicas de cristal dentro de los agujeros, haciendo que la canica impulsada por tu dedo golpeara otra canica, como en un juego americano de billar. El ganador era recompensado con el honor de golpear los nudillos de los perdedores con una gran canica. Siempre que yo perdía, exigía el castigo más duro: quería que me sangraran los nudillos. Y cuando ganaba, golpeaba con canicas los nudillos de mis amigos con tanta fuerza, que también sangraban. No era cruel; quería que mis amigos también fueran ganadores.

Quizá fue la competencia con mi hermano mayor, George, lo que impulsó mi afán de superación. George era más guapo, de piel más clara como mi padre, más fuerte y atlético que yo. Como hijo mayor, se esperaba que tuviera éxito. Ser de piel clara era considerado por muchos preferible a tener la piel oscura, así que se lo consideraba no solo guapo, sino inherentemente superior. Como cualquier niño, yo admiraba a ese hermano mayor que me llevaba cuatro años de ventaja. Yo era de tez morena, como mi madre. También era delgado y tenía muchas alergias, y nunca se me dieron bien los deportes, aunque me gustaba jugar al fútbol; pero no era muy bueno. George, en cambio, era un brillante jugador y ganó muchos campeonatos como portero titular. Todo el mundo lo adoraba. Para mí era una estrella.

Mi madre tenía un amigo del colegio que llegó a obispo. Cuando conoció a George, quedó tan impresionado por aquel joven tan guapo y encantador que le dijo a mi madre que mi hermano llegaría a ser el próximo obispo. Tomó a George bajo su protección y le enviaba un gran Mercedes-Benz blanco para que lo buscara y llevara a la ciudad. Cada vez que veía ese Mercedes-Benz venir a buscar a George, me ponía loco con resentimiento. Yo no recibía ninguna atención, ¡y él era tratado como un rey!

Dada la atención que recibía, mi hermano llegó a desagradarme fuertemente; pero al mismo tiempo, deseaba tanto su atención. Sin embargo, por mucho que lo intentara, él parecía no tomarme a mí, el hermano menor, en cuenta. Era mucho más amable con nuestra hermana, Gladis. Nuestras edades nos separaban simétricamente: ella era dos años mayor que yo y dos años menor que Jorge. Gladis era seria y callada, pero tenía una voluntad fuerte.

Dado que era una niña y, por tanto, se esperaba de ella que llevara una vida tranquila y dominara las artes domésticas, Gladis dedicó mucho tiempo a sus estudios y a aprender las tareas domésticas y la preparación de la comida, que no es tarea fácil cuando implica acarrear agua del pozo del pueblo, cocinar a fuego abierto, tostar y machacar las especias, mezclar y amasar a mano los *rotis* y otros panes planos. Cada comida tardaba horas en prepararse, así que las niñas tenían que empezar a cocinar a una edad temprana para ayudar a nuestras madres.

Pero dado que éramos niños, George y yo pasábamos gran parte del tiempo al aire libre, a menudo jugando u ocupados con nuestras tareas. Sin embargo, en lugar de tomarme bajo su protección, George se burlaba de mí, sobre todo cuando estaba con sus amigos. A pesar de lo pequeño que era, juré ganarme su respeto. Estaba decidido a conseguirlo y, además, a ser aun más popular y respetado que él.

Vivíamos en el Jardín del Edén, al menos así es como a menudo se lo describe al estado de Kerala, por ser tan hermoso e idílico. Es una tierra con frondosos árboles que dan café, mangos, maracuyás, cocos, yacas y castañas de cajú (o nueces de la India): es imposible pasar hambre en medio de tan aromáticos y deliciosos dones que Dios nos ha proporcionado.

En Kerala, los arrozales de un verde iridiscente rodean las sencillas casas, y cuando se acerca la cosecha, su larga hierba ondula al viento como las olas del océano. Los ríos, arroyos y cascadas y la lluvia siempre presente envuelven las colinas en una niebla fantasmal, brindando así un respiro refrescante del calor y la humedad enervantes. Siempre hacía un calor insoportable en el sur de la India. Sin embargo, ese calor pegajoso y sudoroso que tanto invade la región, tiene como contrapartida un esplendor tan celestial, que son pocos quienes preferirían vivir en cualquier otro lugar. Cada aliento está perfumado con el aroma de mangos maduros y ollas de guisos picantes que hierven a fuego lento sobre hogueras abiertas. Los granos de pimienta, el cardamomo, el cinamomo y la nuez moscada no solo nos han traído la cocina más deliciosa y única de toda la India, sino que estas mismas especias nos han llevado, literalmente, más cerca de Dios.

En 1498, el famoso explorador Vasco da Gama llegó a mi hogar, Trivandrum, en busca de especias, oro, plata, seda y... de cristianos. Teníamos especias en abundancia: el preciado sándalo y las mejores especias del mundo para cocinar. Y sí, teníamos oro y plata y las sedas más finas, incluso un marfil exquisito. En cuanto a los cristianos, aunque India sea conocida como una nación hindú, budista y musulmana, también alberga uno de los centros del cristianismo más antiguos del mundo. Esa historia comenzó en el año 52 d.C., cuando el apóstol Tomás llegó a Kerala y trajo el Evangelio a nuestro pueblo.

Cuando da Gama llegó, mil quinientos años después, una quinta parte de los habitantes de Kerala eran cristianos, muchos de los cuales, como mi familia, remontaban su ascendencia al propio santo Tomás. Esto era algo que da Gama no sabía.

Cuando llegó, el famoso explorador pidió entrevistarse con el rey, y al reunirse con él le dijo: "Vengo de Portugal y traigo bendiciones del Papa. ¿Has oído hablar del cristianismo?".

El rey sonrió y le dijo que había muchos cristianos en Kerala, pero que vivían en las montañas. Prometió organizar una escolta para que da Gama pudiera conocer personalmente a esos indios cristianos. Unos días más tarde, da Gama fue escoltado a las montañas, donde se reunió con los ancianos y anunció nuevamente: "Soy Vasco da Gama, soy cristiano y traigo la bendición del Papa".

Los ancianos lo saludaron afectuosamente y le dijeron: "Nosotros también somos cristianos, pero ¿quién es ese Papa?".

El piadoso explorador no pudo comprender que hubiese cristianos que nunca habían oído hablar del Papa, ¡así que se puso manos a la obra para corregir ese problema!

Y así es como nuestras especias nos llevaron más cerca de Dios, ya que da Gama y los exploradores portugueses posteriores vinieron tras nuestras especias y nos dejaron su iglesia católica. Kerala tiene ahora más cristianos que ningún otro lugar de la India, y la tradición católica se ha convertido en un elemento tan importante para nosotros como la propia tierra que nos cobija. Yo nací en esta tradición, donde la fe y la oración son inseparables de nuestra vida cotidiana en este Jardín del Edén que supo ser mi patria.

Nuestro pequeño pueblo, Murukkumpuzha, está en el distrito de Trivandrum, la capital de Kerala, en el sur de la India. Trivandrum está construida sobre siete colinas cubiertas de bosques junto al mar, en la costa de Malabar. Llegué a temerle al océano, magnífico pero aterrador con su vasto poder. Pero era él quien nos daba la vida, trayéndonos el pescado más fresco y sabroso para que nadie, por más pobre que fuera, pasara hambre.

Todas las mañanas, el pescadero atravesaba el pueblo con una gran cesta sobre su cabeza, gritando *meen, meen, meen*, la palabra que en malabar significa pescado. Una o dos veces por semana, cuando mi madre oía este canto, dejaba lo que estuviera haciendo y seguía la llamada del pescadero para ver qué tenía para ofrecer ese día.

A menudo acompañaba a mi madre, de pie junto a sus piernas, pequeño y tímido pero entusiasmado al saber que tendríamos pescado fresco, posiblemente incluso mi guiso favorito de pescado al curry. Ella se reunía en torno al pescadero con las demás mujeres de la aldea y, cuando le tocaba, inspeccionaba el pescado, tan fresco que aún le latían las branquias. Mamá se aseguraba de que los ojos fueran brillantes, las branquias rojas, la carne firme, de que la captura del día no fuera demasiado huesuda. Una vez satisfecha, empezaba a regatear.

"¿Cuánto cuesta este?", preguntaba al pescadero, señalando un pescado especialmente bonito.

"Diez rupias", diría él, o alguna otra cantidad que mi madre no tenía intención de pagar y que él tampoco esperaba recibir.

"No, cinco rupias", contestaba ella, con voz firme pero amable.

"De acuerdo, te venderé este pescado por siete rupias", respondería el pescadero, y ambos sonreirían.

"Bien, lo compraré", decidía ella finalmente, y entregaba las monedas al pescadero mientras este envolvía el pescado en hojas de plátano y me lo ofrecía para que lo llevara. Teníamos poco dinero, así que cada compra de pescado o marisco fresco era una bendición de Dios, no importaba la frecuencia con que lo comiéramos.

Otra bendición de Dios, que llegaría a comprender un poco más tarde, era la lección que mi madre me estaba enseñando sobre cómo ser prudente con el dinero y cómo no tomar ninguna comida por sentado; una lección que me ha acompañado toda la vida.

Sin embargo, el pescado del océano tenía un costo para nuestra aldea, un costo mucho mayor que el de las rupias. Todos los años, un cierto número de hombres se adentraba en el océano para traer una buena pesca, y todos los años otro cierto número jamás regresaba. Aprendimos pronto a respetar el mar, que tomó tantas vidas y que, sin embargo, nos dio la vida.

Mi madre temía tanto perderme en aquellas aguas que me prohibió jugar en el océano; y es por esa razón que nunca aprendí a nadar. Yo era el más pequeño y la sola idea de perderme le era insoportable; y como yo era un niño tan pequeño y delgadito, había muchas probabilidades de que ello ocurriera. Yo miraba cómo los demás niños jugaban en el mar, los ríos y los lagos, mientras me quedaba en la orilla o apenas me aventuraba unos poquitos metros, sabiendo que las aguas eran para que otros jugaran en ellas. Pero yo tenía otras aficiones, así que no me detuve en lo que no podía hacer. En cambio, me centré en las muchas cosas que sí podía hacer, y hacerlas mejor que la mayoría.

Una de mis muchas tareas consistía en ayudar a secar el pescado, que extendíamos sobre esteras de hierba colocadas a lo largo de la calle, donde el sol los acariciaría con sus rayos para que luego los guardáramos en nuestras casas para futuras comidas. El olor salobre del mar que llenaba nuestras casas y la aldea era un recordatorio constante de la benevolencia de Dios, un olor suavizado por el aroma afrutado de los mangos maduros y las provisiones de canela y cardamomo que tanto abundaban.

Otra tarea era proteger los arrozales de los pájaros. Las aves descendían sobre los granos de arroz maduros y, si no los ahuyentábamos con nuestras hondas, devoraban toda la cosecha. Para proteger los campos, después de la escuela todos los chicos íbamos a los arrozales y disparábamos piedras a los molestos ladrones. A mí se me daba bastante bien, y podía divisar un pájaro a una hectárea de distancia y asestarle un golpe en un instante.

Teníamos gallinas, ~~por supuesto~~, pero prácticamente ellas se cuidaban solas, deambulando por el pueblo cacareando y picoteando como si fueran vecinas chusmas sin ninguna preocupación. También teníamos vacas, y una de mis tareas era pastorear el ganado. No se me permitía ordeñar a las vacas, lo cual me parecía bien, pues era una tarea matutina y bastante peligrosa. Si no tirabas bien de la ubre, o simplemente la vaca estaba de mal humor, daba patadas; y esto no solo podía herirte, sino que casi siempre terminaba pateando la cubeta y la leche salía desparramada por ahí, cosa que no podíamos permitirnos. Afortunadamente, contratamos a un hombre para que ordeñara a primera hora de la mañana, así que esa tarea no recayó en mí ni en George.

Después de espantar a los pájaros, George y yo tomábamos un refrigerio, quizá un *dosha* picante o patatas fritas de plátano. Luego llevaríamos a las vacas a pastorear. Para entonces, ya era el atardecer, y cada día tardábamos más porque teníamos que llevarlas cada vez más lejos para encontrar hierba que aún no hubieran devorado. Luego las traíamos a casa, nos duchábamos con una cubeta sacada del pozo e íbamos dentro a hacer los deberes; yo me apresuraba a hacerlos a toda velocidad, como si cada tarea fuera un objetivo más que debía alcanzar.

Me encantaba ir a la escuela, y me resultaba tan natural como el deporte a George. Tenía una mente y una memoria muy agudas. No importaba de qué tema o materia se tratara – lectura, matemáticas, malabar, hindi o inglés –, lo absorbía todo tan fácilmente como absorbía el sol y el calor. Pero para George, lo académico era un reto. Era encantador socialmente y un atleta impresionante, pero le costaban las tareas escolares. Afortunadamente para mí, su dificultad resultó ser mi oportunidad.

Íbamos a la escuela juntos o, a veces, con otros niños del pueblo. Salíamos temprano por la mañana, con los pies descalzos, cruzando los arrozales y caminando por los estrechos terraplenes, que eran los montículos de barro que dividían los arrozales y retenían el agua fangosa. Podían ser resbaladizos y no solían tener más de medio metro de ancho, y a menudo resbalábamos. Los arrozales no eran profundos, pero estaban llenos de estiércol de vaca, parásitos, sanguijuelas y serpientes, así que hacíamos todo lo posible por apresurarnos y no resbalar.

Cuando llegábamos a los extremos de los arrozales, había otro camino de unos 400 metros antes de llegar a la carretera principal por donde pasaban los coches y los autobuses. Allí caminábamos por la carretera unos dos kilómetros hasta llegar a la escuela a las 9.00 h. Era un largo camino, pero lo hacíamos todos juntos, por lo que siempre resultaba agradable.

Cuando hacía los deberes en casa, me sentaba detrás de George; esto me permitía ver qué estaba haciendo y saber cuándo necesitaba ayuda. Lo pasaba mal en la mayoría de las asignaturas, no porque no fuera listo, sino porque estudiar no le resultaba sencillo. Pero yo era ambas cosas, así que lo ayudaba con las respuestas y con los deberes; pronto dejó de burlarse de mí y empezó a respetarme. Y como él me respetaba, yo dejé de guardarle rencor. No pasó mucho tiempo hasta que George se convirtió en un chico realmente agradable, y yo me sentí orgulloso de ser su hermano pequeño.

También me di cuenta de que me gustaba ayudar a la gente con sus tareas escolares y, lo que es más importante, de que tenía una habilidad valiosa. El hecho de tener cualquier cosa de valor era un paso para salir de la pobreza en la cual crecimos, así que me esforcé por sobresalir en mis estudios, incluso cuando no necesitaba esforzarme mucho en ello. Había sido bendecido con una gran inteligencia, algo que mi familia reconoció desde el principio.

Ahora bien, estos años que recuerdo aquí fueron hace más de medio siglo, no mucho después de que India obtuviera su independencia de Gran Bretaña en 1947. Desde entonces, Trivandrum ha irrumpido en la modernidad con interminables carreteras de alta velocidad y grandes edificios en la capital.

Trivandrum ha avanzado tan notablemente desde que yo era niño, que ahora se ha convertido en uno de los centros tecnológicos del sur de la India y en un destacado centro intelectual y científico. Pero yo no nací en este mundo moderno. Nací en 1951, en casa de mis abuelos, con mi madre asistida no por un médico sino por una comadrona, al igual que había sucedido con los dos hijos que tuvo antes de mi venida al mundo. Y fue en ese hogar donde se forjó mi destino.

Cuando nací, mi abuelo, un hombre muy sabio y en cierto modo místico, percibió que había algo especial en mí. Cuando, poco después de mi nacimiento, un astrólogo indio pronosticó que me convertiría en un hombre poderoso, una amenaza para mis enemigos y una bendición para mis amigos y mi familia, mi abuelo dijo: "Un hombre puede cambiar la historia del mundo, para bien o para mal. Y quiero que este niño lo haga". Y por eso eligió para mí el nombre que le pareció más noble y adecuado: Lenin. Este nombre, aunque aparentemente incongruente con la trayectoria de mi vida, no fue elegido por su ideología mas por su poder. Déjame que te explique.

Mientras la India luchaba por su independencia de los británicos a finales de los años cuarenta, mi abuelo, un auténtico intelectual muy leído y al tanto de los asuntos mundiales, había llegado a conocer a muchos rusos. Él les enviaba películas indias y otros regalos codiciados y, a cambio, ellos le enviaban vodka, libros y otros productos rusos codiciados. Mi abuelo se sintió intrigado por el éxito de la Revolución Rusa. Muchos indios de Kerala militaban en el Partido Comunista, y en 1957 elegirían – elección mediante – uno de los primeros gobiernos comunistas del mundo, una dirección comprensible teniendo en cuenta la larga historia de extranjeros que controlan nuestro país y que se apoderan de nuestra tierra y recursos en su propio beneficio, un tema al que volveré.

Mi abuelo se había convertido en un rico terrateniente, y más tarde denunciaría el comunismo; pero en aquella época lo consideraba la respuesta justa a una sociedad que durante demasiado tiempo había privado a la gente de las necesidades básicas de la vida: comida, ropa y vivienda. Los trabajadores habían sido tratados brutalmente en la Rusia zarista, y como cristiano que se preocupaba de que todo el mundo fuera tratado con dignidad y respeto, encontró mucho que admirar en los nuevos líderes de la – entonces adolescente – Unión Soviética. Y así, al bautizarme con el nombre de Lenin, mi abuelo se comprometió a garantizar que mi futuro sería, como el del líder soviético Vladimir Lenin, uno grande.

Pero me estoy adelantando. Permíteme que te hable primero de mi familia, de mi infancia y de por qué estaba tan ansioso por abandonar este Jardín del Edén. Como verás, no es porque quisiera dejar a mi familia. No, en absoluto. Por el contrario, era mi destino abandonar Kerala, tanto por mí como por mi familia, y seguir la senda que Dios me había trazado, en un viaje que ha traído riquezas inimaginables a un niño de pueblo que creció tan lejos del mundo que ahora habito. A continuación, mi historia.

CAPÍTULO 2

Audiencias en la veranda

Mis abuelos eran personas extraordinarias, pero especialmente mi abuelo. Lo recuerdo como un hombre muy alto y delgado, con pelo grueso y plateado y de ojos profundos y penetrantes. Vestía al estilo indio tradicional, con largas camisas holgadas y zapatillas o zapatos exquisitos. A cada paso que daba, caminaba erguido y con gran orgullo, llevando siempre un costoso bastón con el mango chapado en oro. No es que necesitara el bastón para apoyarse, era solo su forma de mostrar autoridad… una autoridad que se había ganado a pulso.

Fue él quien ejerció la mayor influencia sobre mí durante mis años formativos, y no puedo contar la historia de mi vida sin contar la historia de mi abuelo, Maria John López. Nació en algún momento de finales del siglo XIX, hijo único cuya madre murió cuando él era joven. Como hijo único heredó su propiedad – que era inmensa –, hecho que lo convirtió en un gran terrateniente a una edad temprana. Su padre volvió a casarse, pero no tuvo hijos con su segunda esposa, que crio a mi abuelo como si fuera suyo. Cuando murieron, ellos también eran grandes terratenientes, sus propiedades fueron heredadas por su único hijo. Así fue como mi abuelo empezó su vida, como un joven con una gran cantidad de tierras. También era un cristiano bien educado, hablaba inglés y poseía un agudo sentido de los negocios, cualidades todas ellas que le aseguraron el respeto y un futuro asegurado.

Se casó con otra cristiana, Catharina, mi abuela, y en los años siguientes tuvieron seis hijos, cuatro chicos y dos chicas. La segunda hija fue mi madre, Philomena López, y la tercera, mi tía Lourdes. El cuarto fue Freddy y el quinto Augustine. El sexto fue Christopher.

El mayor, Sonny, era excepcionalmente brillante. Se recibió de ingeniero y se trasladó a Kuala Lumpur, donde ayudó a desarrollar la infraestructura de la ciudad de Singapur. Tuvo mucho éxito, pero nunca regresó; se casó con una mujer de Singapur y crio allí a sus tres hijos.

Quizá fueron las historias de mi tío Sonny las primeras que sembraron en mí la semilla del viajero: escuchar los relatos de este hombre aventurero que recorrió medio mundo en busca de riqueza y reconocimiento, me entusiasmó con posibilidades que iban mucho más allá del mundo idílico pero provinciano en el que crecí. O quizá fue el espíritu de mi madre, que tanto me llenó de una fe inquebrantable en mí mismo y en mi destino, lo que me encaminó.

En la época en que se casaron mis abuelos, la India estaba gobernada por el rey Jorge V, un monarca bastante aburrido y convencional, pero cuya visita a la India casi una década antes había inspirado un espíritu festivo en la nación. Pero cuando nació mi madre, en 1920, un nacionalista anticolonialista emergente de la India occidental llamado Mahatma Gandhi se estaba haciendo un nombre al abogar por el derrocamiento no violento de las fuerzas coloniales británicas, que habían gobernado nuestro país desde finales del siglo XVIII. Así pues, mi madre nació en estos tiempos turbulentos, en los que el futuro de los terratenientes como mi abuelo era incierto y la necesidad de fe se volvía aun más acuciante.

Como hija primogénita, mi madre se convirtió en la favorita de mi abuelo y sin duda también de mi abuela. La apreciaban mucho y se esforzaban por protegerla. Le enseñaron a leer y escribir, y desde muy pronto la introdujeron en los rituales cristianos, los cuales despertaron en ella una devoción inmediata – que duraría toda su vida – por la oración y la fe.

Aunque en aquella época no era frecuente que las chicas fueran a la universidad, mis abuelos se aseguraron de que Philomena recibiera educación secundaria y aprendiera a hablar inglés. Así lo hizo, pero fue su fe la que demostraría ser su mayor virtud y fortaleza. Se pasaba el día rezando, recitando el rosario, memorizando el Evangelio. Iba a la iglesia todos los días, donde discutía las Santas Escrituras con el sacerdote. Cuando llegó al final de sus estudios, supo lo que quería hacer con su vida.

"Padre", le dijo. "soy casi mayor de edad y sé lo que debo hacer con mi vida. Quiero dedicar mi vida a Cristo y, para ello, me gustaría tomar los votos y hacerme monja."

Su decisión no sorprendió a nadie, porque desde niña la pasión de Philomena era Dios y la Iglesia. Pero mi abuelo no estaba de acuerdo.

"No, Philomena", le dijo. "Ese no es tu destino, hija mía. Te casarás y tendrás hijos". Estaba decidido: como hija mayor, no estaba destinada a encerrarse en un convento, sino a transmitir los dones con los que Dios había bendecido a nuestra familia, continuando nuestro linaje.

Ella sabía que no tenía sentido desafiar su decisión, pues la voluntad de un padre no podía cuestionarse. Aunque a mi madre se le rompió el corazón cuando le dijeron que no podía ser monja, aceptó su destino; pero estaba decidida a seguir dedicada a Cristo.

Cuando las tierras de mi abuelo crecieron y pudo cobrar rentas y aumentar su riqueza, compró una oficina de correos, adquisición que lo posicionó bien en la comunidad. Y como su nivel de inglés era bueno, cuando mi madre terminó la escuela, mi abuelo le dijo que iba a ser la jefa de correos, lo que le dio un puesto respetado. Comprendió que para ella era importante ser respetada y adquirir experiencia profesional, para así poder casarse bien y encontrar su lugar en la sociedad.

Mi madre disfrutaba con el trabajo y descollaba en su puesto. Es más, conoció a mucha gente y aun tuvo tiempo para sus devociones y oraciones. En lugar de sentir resentimiento para con mi abuelo por no permitirle hacerse monja, se dio cuenta de que una vida laica podía seguir siendo una vida de devoción y de servicio.

Cuando llegó el momento de encontrar a un hombre respetable para que mi madre se casara, volvió a saber que, aunque tenía voz, no tenía la última palabra. En aquella época, en la India, los padres de la novia y el novio eran quienes decidían con quién se casaba uno, no los propios novios. Mis abuelos habían escuchado acerca de un hombre brillante y con estudios universitarios llamado Joseph Peter. Joseph Peter era diez años mayor que mi madre y trabajaba en la gran ciudad de Bombay, ahora conocida como Mumbai.

Debido a la naturaleza de su trabajo, mi padre se relacionaba con gente de toda la India, así como de todo el mundo, especialmente con británicos. Procedía de una respetada familia de Kundara, una pequeña ciudad de Kerala situada al norte de nuestro pueblo. Era el mayor de nueve hijos, y era admirado tanto por su familia como por su comunidad. Se creía que, dados sus conocimientos de inglés, su educación y sus intereses intelectuales – así como su buen aspecto –, Joseph Peter sería un buen partido para Philomena López. Y dado que era la hija mayor de la estimada Maria John López, y además una mujer hermosa, Philomena López era una novia digna solo para un hombre de buena cuna y futuro. Así fue como, poco antes de su boda, mi madre y mi padre se conocieron por primera vez. Afortunadamente, ambos estuvieron satisfechos con la unión que habían hecho sus padres y se casaron enseguida.

Antes de ir más lejos, debo explicar algo único de la cultura de Kerala. Somos una sociedad matrilineal, lo que significa que, aunque tomamos el apellido de nuestro padre, trazamos nuestro linaje a través de nuestras madres: una práctica que otorga a las mujeres un estatus y unos derechos mucho mayores que en muchas otras sociedades. Esto en absoluto quiere decir que los hombres no sean importantes. Los hombres son los patriarcas del hogar y la comunidad en Kerala, pero un hombre tiene la misma responsabilidad con sus propios hijos biológicos que con los hijos de sus hermanas. Eso significaba que mientras mi padre nos cuidaba y nos quería y nos mantenía económicamente, él tenía la misma responsabilidad con los hijos de sus hermanas, que eran varias.

Fueron los hermanos de mi madre quienes desempeñarían los papeles más importantes en mi vida y en la de mis hermanos. Sonny era el hermano mayor; pero, como ya he señalado, había establecido una vida totalmente poco convencional – mas respetada – en una tierra muy lejana. A principios del siglo XX, enviar dinero a casa desde Singapur a la India no era tarea sencilla. Sin Sonny, sería mi tío Augustine quien desempeñaría el papel de figura paterna en mi vida mientras crecía. Pero, de nuevo, me estoy adelantando y no quiero aburrirte con una lección sobre los sistemas de parentesco indios.

Lo que quiero recalcarte es que las responsabilidades de mi padre no eran las que cabría esperar de un padre estadounidense del siglo XXI. A él le correspondía mantener por igual a sus hermanas y a los hijos de estas, así como cuidar de nuestra familia una vez que sus propias hermanas estuvieran atendidas.

Mi padre era el mayor de todos los hermanos: sus dos hermanas, Mary y Clara; y cinco hermanos, de mayor a menor: Alphonse, Sebastian, Isaac, Henry y Johnson.

Dado que mi padre tenía tamaña responsabilidad para con su familia, era necesario que ganara bien. Afortunadamente, en aquella época había una gran demanda de indios cultos que hablaran inglés en Yemen, país productor de petróleo, por lo que no fue ninguna sorpresa que mi padre aceptara un codiciado puesto en la British Petroleum de Adén, ciudad portuaria de Yemen bajo control británico. Dada su ausencia, mi madre se quedó viviendo con sus padres durante los cuatro primeros años de mi vida.

Por supuesto, no recuerdo esos días porque era muy pequeño; pero cuando yo tenía aproximadamente cuatro años, mi madre y mi padre habían construido una pequeña casa en el pueblo de Murukkumpuzha, a una hora y media en autobús de la capital, Trivandrum. Sin embargo, mi padre siguió trabajando en Yemen y regresaba a casa un mes al año. Aunque ganaba mucho dinero, mantenía a los hijos de sus hermanas, era generoso con todos sus amigos y también no reparaba en gastos si alguien necesitaba ayuda. En consecuencia, no nos enviaba mucho dinero.

Debido a las obligaciones de mi padre y a sus hábitos de gasto, mi madre cuidaba sola de sus tres hijos y, aunque pasábamos apuros económicos, nunca se quejaba. En cambio, se centraba en todas las bendiciones que Dios le había concedido, y afrontaba cada día con una sonrisa tranquila y amorosa.

Sin embargo, fue difícil para mi madre. Por eso, al cabo de un año, cuando yo ya tenía cinco y mientras mi madre luchaba por sacar adelante ella sola a sus tres hijos, mi abuelo le propuso una solución. Le explicó que reconocía en mí ciertos dones que sus otros muchos nietos no habían demostrado. Deseoso de aprovechar esos rasgos, determinó que yo sería su sucesor como patriarca de la familia y que debía vivir con él, así podría prepararme para dicho rol.

Mi madre me adoraba y no quería renunciar a mí, pero se dio cuenta de que estos arreglos serían lo mejor para todos. Tomó la difícil decisión de enviarme con mis abuelos, donde viviría bajo su cuidado. Recuerdo que fui a su casa para lo que yo creía que era una breve visita, y aunque me hacía ilusión visitar a mi abuela y a mi abuelo, cuando llegó la hora de que mi madre se fuera y volviera al pueblo, me rompió el corazón que no me dejara volver con ella. No podía entender por qué me abandonaba así; el saber que mi hermano y mi hermana se quedarían con ella me hizo sentir que mi madre los prefería a ellos en vez de a mí. Son pocas las explicaciones alternativas que un niño de cinco años puede encontrar en su mente, y así fue como lloré y anhelé el regreso de mi madre.

Cuando mi madre me dejó en casa de mis abuelos, ni se me había ocurrido que me quedaría allí mucho tiempo. Al principio había supuesto que volvería en unos días; y cuando no regresó, supuse que volvería en unas semanas. Pero poco a poco, a medida que pasaban las semanas y ella no volvía y llegó la época de comenzar la escuela, fui aceptando mi nueva vida. Desde luego, era una vida mucho más cómoda. Vivían en una gran casa con un terreno de dos hectáreas. La casona tenía un gran patio cubierto con anchas hojas de plátano para protegerse de la lluvia, donde mis abuelos recibían a las visitas y mi abuelo solía darle audiencia a la mucha gente que acudía a él. Había muchas habitaciones, todas bellamente amuebladas, y yo tenía mi propio dormitorio para mí solo. Era una vida principesca, aunque extrañaba muchísimo a mi madre.

Sin embargo, una vez adaptado a mi nueva vida, la nostalgia que sentía por mi madre pronto fue sustituida por la felicidad que me daba ser el centro de atención de mis cariñosos abuelos, quienes me colmaban de amor y atención, y pronto comencé a esconderme cuando mi madre venía de visita, algo que hacía cada dos meses más o menos. No estoy seguro de si era porque estaba enfadado con ella porque me sentía abandonado, o simplemente porque no quería irme pues ya me había adaptado a esta nueva vida; pues ¿cómo se pueden recordar con exactitud los pensamientos y emociones que se tienen y sienten a una edad tan temprana? Pero mi recuerdo de esconderme de mi madre es claro: ella llegaba para llevarme de visita a casa por un fin de semana o una semana, y yo huía y me escondía. Simplemente no quería ir. Me había encariñado tanto con mis abuelos, sobre todo con mi abuelo, que ya no quería volver a casa. Su hogar se había convertido en el mío, y yo estaba prosperando en ese ámbito.

Él tocaba el violín maravillosamente y llenaba la casa de música, igual que mi abuela llenaba el hogar con sus deliciosos guisos de marisco y otros platos de su Portugal ancestral y del sur de la India. Hasta el día de hoy, recuerdo aquellos tiempos como unos de los más felices que he conocido, y la alegría que sentía en compañía de mi abuelo es una alegría que me ha durado toda la vida.

En aquella época, los hombres y las mujeres comían por separado, y a los hombres y a los niños siempre se les servía primero. Me sentía muy orgulloso cuando mi abuelo me pedía que me sentara a su lado y me ofrecía la mejor comida de la mesa, incluso antes de que sus dos hijos hubieran tomado la suya. Pero a mis tíos no les importaba, porque también me adoraban.

La comida que preparaba mi abuela era siempre deliciosa: pescado fresco, pollo, ternera, cerdo... nos lo comíamos todo. En lo referido a lo que ella y mis tías comían, no lo sé, pues las mujeres comían en una habitación separada. Puede que en aquella época tuvieran menos poder público que los hombres, pero su poder informal era grande. Al fin y al cabo, eran ellas las que decidían lo que comíamos y, que yo sepa, ¡comían mucho mejor que nosotros!

Rápidamente descubrí cómo aprovechar al máximo cada oportunidad con mi adorado abuelo. Cada vez que me cedía un centímetro, yo tomaba medio metro. Si me pedía que me sentara cerca de él, me arrimaba aún más cerca de él. Si él comía un trozo de buena comida, yo comía dos. Disfrutaba cada minuto, y como era el más joven de la familia, me salía con la mía. Y como me salía con la mía, me di cuenta de que no había razón para no hacerlo. Observando a mi abuelo, aprendí que la senda del éxito estaba, en muchos sentidos, en simplemente tomar. Así que me propuse tomar todo lo que la vida me ofreciera, siempre que no privara a nadie en el proceso.

Observar a mi abuelo se convirtió en una fascinación. Me fascinaba sobre todo cómo respondían los demás ante él. Las habilidades de mi abuelo como mediador eran ampliamente conocidas, y no era raro que por la noche el salón de recepción se llenara de gente que había acudido a él para resolver alguna disputa o problema. En vez de ir a un juez cuando tenían un problema, acudían a él porque respetaban su sabiduría. Invitaba a las partes enfrentadas a sentarse en la veranda al aire libre con vistas a su vasta finca, mientras él se paseaba dc un lado al otro por el patio, escuchando sus diferentes perspectivas y preocupaciones. El calor era casi insoportable, pero nunca dejaban de prestarle atención mientras él hablaba.

"Creo que tienes razón", decía a una o a ambas partes tras oír sus argumentos. "Pero esto es lo que vamos a hacer". Entonces proponía una solución, e inevitablemente coincidían en que su decisión era justa y sabia, y todos se marchaban satisfechos por haber llegado a un acuerdo.

Sentado a sus pies en aquel calor espantoso, me maravillaba la seguridad y sabiduría con que respondía a quienes acudían a él en busca de consejo. Aunque los detalles del problema que se discutía eran demasiado complicados para que mi joven mente los comprendiera del todo, cuando prestaba atención a sus interacciones, fui capaz de ver que todo problema tiene solución, y que encontrando esa solución se pueden hacer grandes progresos. Aunque es cierto que en aquel momento no podía preverlo, el apreciar ese principio fundamental fue aquello que me permitió tener éxito... incluso cuando todo parecía estar en mi contra.

Mi abuelo se encargó de educarme para el éxito a una edad temprana, y una de las cosas que más me encantaba hacer era disfrazarme: especialmente de médico, porque ellos eran cultos e importantes. Así que me ponía una chaqueta blanca, me colgaba algo del cuello – que hacía de estetoscopio – y anunciaba: "¡Hoy soy médico!". A mi abuelo le complacía esta actividad, y todos los días me preguntaba: "¿Quién vas a ser hoy?" o "¿Qué persona importante vas a ser hoy?"

Me di cuenta enseguida de que mi abuelo quería que fuera alguien importante, así que tuve que aprender quiénes eran todas las personalidades destacadas. Pronto me disfracé de Gandhi o de Churchill o de quienquiera que fuera importante y estuviera en las noticias. Al disfrazarme y fingir ser esas personalidades destacadas, pronto empecé a verme a mí mismo como una persona importante, y quería que mi abuelo se sintiera orgulloso. Supe entonces, incluso a los cinco años, que algún día sería médico de verdad, y aun más que eso: una persona importante para mi pueblo.

Después de vivir un año con mi abuelo, llegó el momento de volver con mi madre. La había visitado a menudo durante mi estancia con mis abuelos, pero ya era hora de que empezara otro año de escuela y mi madre me extrañaba muchísimo. No quería dejar la casa de mi abuelo, pero tenía amigos en mi pueblo y también yo extrañaba a mi madre. Así que regresé a vivir con ella y reanudé la ajetreada vida de tareas y juegos al aire libre; aunque durante los años siguientes, hasta que cumplí los diez, fui yendo y viniendo entre ambas casas.

No llevaba mucho tiempo en casa de mi madre, cuando me metí en problemas. Al final de los arrozales había un campo con un estanque donde los hindúes habían colocado una estatua de uno de sus dioses y construido un santuario, al que iban a rendir culto. Veneraban a las serpientes, que creían devotas de sus dioses, y prohibían matarlas. En consecuencia, el estanque estaba repleto de serpientes venenosas, por lo que no mucha gente se zambullía allí.

Dado que yo no sabía nadar, y que el estanque estaba infestado de serpientes mortales, no me dejaban ir allí. Pero una tarde luego de la escuela, a eso de las cinco, algunos decidimos ir. Yo sabía que no debía hacerlo, pero quería jugar con los chicos mayores, así que fui, me metí en el estanque y chapoteé.

Me daban mucho miedo las serpientes, que veíamos deslizarse por todas partes cerca de casa. Eran especialmente difíciles de ver durante el atardecer o por la noche, así que, para ahuyentarlas, secábamos hojas de coco al sol, atábamos las hojas secas a palos largos y las prendíamos fuego. Estas antorchas encendidas ahuyentaban a las cobras y a las pequeñas pitones, pero las serpientes continuaron siendo una presencia constante en nuestras vidas. Y como nunca llevábamos zapatos, porque sencillamente no teníamos — o porque llevar zapatos o incluso sandalias —es casi imposible cuando se atraviesan arrozales –, pisábamos serpientes todo el tiempo cuando caminábamos por el pueblo o en los patios.

Las serpientes estaban por todas partes, en los arrozales y estanques, en la base de los árboles, en todos lados: entre ellas había cobras venenosas, víboras y pitones. A mi hermano no le molestaban – a muchos niños tampoco –, pero yo las odiaba. Sin embargo, estaba tan entusiasmado por jugar en el estanque que dejé a un lado mi miedo y me metí descalzo en el agua oscura.

No llevaba mucho tiempo en el estanque, cuando vi una serpiente. No sabría decirte de qué especie se trataba, pero justo cuando me di la vuelta para alejarme, sentí un dolor punzante en el trasero. Salí del agua agarrándome las nalgas. Los chicos se rieron a carcajadas mientras yo corría aullando de dolor. No sabía si era una sanguijuela o una serpiente, pero me dolía muchísimo; y cuando me fijé, vi dos clarísimas marcas de colmillos que empezaron a sangrar profusamente. En cuanto las vieron, los chicos dejaron de reírse y se dieron cuenta de que la situación era grave. Pensaron que me iba a morir porque sangraba mucho.

Aunque sabía que me metería en un buen lío cuando mi madre se enterara de que había ido al estanque, no tuve más remedio que contárselo. Corrí a casa lo más deprisa que pude, llorando desconsoladamente durante todo el camino, aterrorizado de pensar que quizá la serpiente fuese venenosa y que yo moriría en cualquier momento.

Mi madre estaba furiosa porque había ido al estanque, pero no tenía tiempo para concentrarse en su enfado: sabía que yo ya estaba sufriendo. En cuanto examinó la mordedura, me aseguró de que no era de una serpiente venenosa y que no tendría que ir al hospital. Pero la hemorragia continuó el resto de la tarde, y casi hasta la hora de acostarme. Aprendí la lección y desde aquel día no me volví a acercar al estanque.

La vida con mi madre iba bien, aunque la casa era mucho más pequeña que la de mi abuelo. Nuestra casa era colorida y sencilla pero tradicional, cubierta de paja y hecha de arcilla, encaramada en una colina y bastante aislada de otras casas. Aunque humilde, era una casa bonita, pintada de amarillo con ribetes rojos y azules y rodeada de árboles de mango, coco y anacardo. Me gustaba especialmente el porche, donde podíamos sentarnos y disfrutar de la hermosa vista de los árboles, así como de todas las especias y verduras que crecían alrededor de nuestra casa: pimienta negra, pimientos rojos y verdes, jengibre, ocra, yuca. Nunca pasábamos hambre.

Y a cada lado de la veranda había una habitación. En una de ellas guardábamos el arroz. Dicho cuarto estaba elevado para que no entraran las ratas, y dentro había un gran contenedor que ocupaba casi todo el espacio. Al otro lado de la veranda dormían mis padres, aunque la mayoría de las veces era solo mi madre, ya que mi padre trabajaba en Yemen. Dentro de la casa había un gran ambiente con una mesa – donde comíamos y yo estudiaba –, nuestra cocina y el dormitorio donde dormía con mi hermano y mi hermana. Teníamos dos catres de madera a unos pocos centímetros del suelo, aunque a menudo dormíamos en el piso. Era un hogar sencillo, pero estaba lleno de color, del aroma de la buena comida que se cocinaba durante todo el día; pero, sobre todo, era un hogar lleno de mucho amor.

La casa tenía unos ventanales que daban a los árboles de mango, y más allá de estos había un camino que conducía a los arrozales que yo cruzaba para ir a la escuela, o donde yo trabajaba un poco ahuyentando a los pájaros y las mujeres plantaban y trillaban el arroz.

El trabajo allí era más duro y la comida no era tan buena, pero seguía siendo sabrosa. Pero mi madre siempre preparaba la harina de arroz y las lentejas cada noche, para que por las mañanas dicho plato estuviera listo para nuestro desayuno. Siempre desayunábamos bien y tomábamos leche fresca, y ella siempre me preparaba un almuerzo bueno pero sencillo para llevar a la escuela, normalmente algunas verduras o *dosha* o pescado envuelto en hojas de plátano que yo desenvolvía y me comía con las manos, que es como comíamos siempre en la India.

Como ya te he contado, me encantaba la escuela y estudiar, y encontré el lugar más perfecto para estudiar lejos de cualquier interrupción. Había un hermoso anacardo cerca de nuestra casa, que tenía ramas anchas y era fácil de trepar. Podía sentarme en aquel árbol durante horas, simplemente estudiando o contemplando el mundo a través del mágico mosaico de hojas que caían como un dosel a mi alrededor. Había una paz absoluta en aquel árbol, y por mucho caos que hubiera en casa, siempre encontraba allí un santuario.

Sin embargo, la mayor parte del caos se producía una vez al año, con la llegada anual de mi padre a casa. Todos íbamos a recibirlo a la estación de tren con bombos y platillos. El ver a mi padre era siempre una fuente de gran emoción, para mí y para los demás también.

Desgraciadamente, aunque lo quería mucho y era un buen hombre, mi padre había desarrollado un problema con la bebida en Yemen, y nos lo trajo a casa. No era tan pronunciado cuando yo era chico, pero su forma de beber fue empeorando progresivamente y, cuando yo tenía unos ocho años, en cuanto se emborrachaba su malhumor se disparaba. Principalmente descargaba su ira sobre mi hermano George.

Si las notas de George no eran buenas, tendría problemas con nuestro padre. Más tarde nos enteramos de que George padecía dislexia, pero entonces nadie sabía lo que era la dislexia. Solo pensaban que no era muy listo. Pero me di cuenta de que, si George obtenía buenas notas, mi padre no se enfadaría, así que hice todo lo que pude para ayudar a mi hermano mayor con sus exámenes.

Mi padre era muy duro con George, y no sé muy bien por qué. Quizá porque era su hijo mayor, y quería que fuera perfecto. Lo corregía constantemente, hasta el punto de decirle cómo tenía que dormir. George dormía boca arriba, pero mi padre insistía en que tenía que dormir de lado y lo despertaba por la noche para regañarlo por no dormir bien. Entonces, cuando papá estaba en casa me aseguraba de poner a George de lado mientras dormía para que no lo despertara.

Al relatar estas historias, quiero subrayar que mi padre era, ante todo, un buen hombre, uno de los más amables que he conocido. Pero el alcohol era su demonio, y como los hijos de alcohólicos se dan cuenta muy pronto, aprendí a tener contento a mi padre y a mantener la paz en la casa de cualquier forma que pudiera. Pero a veces su demonio era tan grande que escapaba a mi control.

Una noche, cuando tenía ocho años, me desperté a las tres de la madrugada ante la escena más horrible. Al oír los gritos de mi madre, me asomé a la ventana y vi a mi padre corriendo alrededor de nuestra pequeña casa completamente desnudo, llevando una antorcha gigante hecha de cáscaras de coco secas mientras se ensañaba con mi madre. Sentí terror de que fuera a quemar la casa, y a nosotros con ella.

Afortunadamente, mi madre dijo algo y él se calmó, como si sus palabras hubiesen sido un dardo tranquilizante. Mamá tenía una serenidad asombrosa en todo momento, y esta fue una de las veces en que su paz interior obró su magia sobre la tempestad interna de mi padre. No sé qué fue lo que lo hizo estallar aquella noche. Probablemente había llegado a casa del bar bastante tarde y mi madre le había dicho que eso no era aceptable o algo así. Pero más allá de cuál haya sido el disparador, verlo en aquel estado nos aterrorizó a todos, y nos puso ansiosos por que nuestra casa volviera a su estado normal una vez que se marchara aquel año.

Aunque era chico, comprendí que mi padre tenía un problema que no podía controlar. A medida que fui creciendo, me di cuenta de que trabajaba tanto en Yemen, donde había tan pocas oportunidades de hacer otra cosa que no fuera trabajar, que los trabajadores eran recompensados con un sinfín de alcohol para mantenerlos apaciguados. En el caso de mi padre, sin embargo, el alcohol hizo todo lo contrario; y con el paso de los años le dolía el corazón porque era incapaz de dejar su adicción.

También se volvió imprudente con el dinero: invitaba tragos a sus amigos, se volvía excesivamente generoso cuando había bebido demasiado e incluso se le caía de los bolsillos sin que se diera cuenta. Recuerdo ver a mi madre siguiéndolo, agarrando las monedas iba desparramando por ahí mientras volvía a casa tambaleándose. En consecuencia, tenía poco que enviarnos y vivíamos prácticamente en la pobreza, algo que juré que superaría para así poder ayudar a mi familia en cuanto pudiera.

A lo largo de todos estos tiempos difíciles, mi madre nunca dijo una palabra áspera sobre mi padre, y ni una sola vez se quejó de la difícil vida que llevaba. Decía: "Tu padre es un buen hombre. Sé agradecido". Nunca hablaba mal de él, no importaba lo dura que se hubiera vuelto su vida. Comprendía que el alcoholismo de mi padre era una debilidad que él no podía controlar, pero lo amaba y admiraba por el hombre que era más allá de la bebida. Y aceptaba que, aunque no fuera una mujer rica y tuviera una vida de trabajo duro y pocas comodidades materiales, había sido bendecida más allá de lo imaginable. Su vida de fe y oración le había dado una perspectiva y un propósito que hacían que aquellas dificultades carecieran de importancia.

Ver su rostro resplandecer de alegría cuando hablaba de Dios o reflejar una expresión tan apacible cuando rezaba el Rosario, también me produjo una sensación mágica. Pero cuando me anunció que, además de ir a la iglesia los sábados y domingos, me reuniría con ella todos los martes por la tarde para visitar el santuario de san Antonio, no me alegré en absoluto. Por aquel entonces, como mostraba un promisorio futuro en mis estudios, asistía a clases antes y después de la escuela, e incluso iba a clases durante el verano. Me habían colocado en una vía rápida en la escuela que me mantenía tan ocupado, que no podía imaginarme añadir otra obligación más, aunque solo fuera una vez a la semana. Pero mi madre insistía en que tenía que ir.

"Lenny", me amonestó, "debes estar dispuesto a morir por tu fe".

Yo no quería morir; y dado que era tan chico, no podía imaginarme por qué ella quería que lo hiciera. En aquel entonces no pude darme cuenta, pero ella claramente sí, de que mamá no me estaba preparando para morir, sino para vivir; y de que aquella experiencia me transformaría y pondría sobre mi senda futura.

CAPÍTULO 3

En el resplandor del santuario de san Antonio

El santuario de san Antonio irradiaba serenidad y amor. Pequeño pero espacioso, con su patio refrescado por la sombra de los anacardos, allí me sentí relajado de inmediato. Entramos en el santuario al aire libre, y el aroma tranquilizador de las velas encendidas me llegó al alma. Era un santuario humilde que, aunque no fuese muy colorido, resultaba reconfortante.

Una estatua de san Antonio estaba detrás de una columna donde guardaban el sacramento, y delante de la estatua estaban las velas que, por una pequeña ofrenda, los fieles podían encender. No había paredes, así que cuando llovía nos mojábamos, pero a nadie parecía importarle. A pesar de mi reticencia inicial, pronto descubrí que el santuario me ofrecía un respiro pacífico mas alegre del caos de mi joven vida.

Aún era un niño, apenas tenía ocho años más o menos, pero ya sentía una gran carga de responsabilidad sobre mí. Sabía que todo el favor que recibía de mi familia tenía un costo: se esperaba que yo tuviera éxito, que me convirtiera en una persona importante, y mi familia me había inculcado que Dios me había dotado de una mente única. De hecho, sabía que era inteligente, más inteligente que cualquier otra persona que conocía en aquel entonces. Me bastaba con darle una rápida ojeada a una página para que sus palabras quedaran impresas en mi memoria. Me bastaba con oír un problema una vez para discernir una solución. Igual que mi abuelo había sido dotado de una sabiduría sin igual, yo también sentía que había recibido un don que no podía desperdiciar, y con frecuencia me recordaban esta responsabilidad que tenía ante mí. Es más, cuanto más rápido trabajaba mi mente, más se aceleraba mi programa de estudios, hasta que estudiaba todo el día casi sin parar; lo cual, por mucho que me gustara mi trabajo escolar, se convirtió en una fuente constante de estrés.

Sentía la presión de otras cargas, que se agregaban a mi sensación de que mi familia dependía de mí y de que yo tendría que hacer algo especial de mí mismo. Al ver que mi hermano seguía lidiando con sus estudios, seguí ayudándole a obtener buenas notas. Mi madre luchaba por criar sola a nuestra familia con poco dinero, ya que mi padre estaba en Yemen la mayor parte del año. Y cuando regresaba, su bebida traía el miedo y el caos a nuestro hogar; pero, al mismo tiempo, cuando se marchaba para volver a Yemen, a mí se me partía el corazón pues quería mucho a mi padre. Me preocupaba por él cuando lo veía luchar contra su adicción al whisky, que lo transformaba de modo tal, que uno podría haber creído que había sido poseído por un espíritu maligno. Durante todo este tiempo, me trasladaban de casa de mis abuelos a mi propia casa, y por mucho que me gustara estar en ambos lugares, las constantes idas y venidas mientras seguía con mis estudios intensificaban mi estrés.

A todos estos retos personales para un chico tan joven, se sumaba el hecho de que era una especie de paria en mi propio país. Como cristianos, éramos una minoría incluso en Kerala, y eso conllevaba un cierto nivel de burlas y ostracismo que, aunque no era demasiado duro, agravaba mi ansiedad. Sin embargo, fue a través del cristianismo que encontré un respiro a mi alienación social, ya que los viajes semanales al santuario de san Antonio pronto pasaron de ser una carga a una gracia.

Allí, todos los martes por la noche se reunía un pequeño grupo para encender velas y decir el Rosario completo. Yo veía cómo mi madre y otras mujeres encendían velas juntas y, arrodilladas sobre el suelo de cemento, rezaban por sus intenciones especiales. Descubrí que, al unirme a ellas en esta oración, sentía paz. Con el paso del tiempo, esta pequeña congregación fue creciendo, dándole un anclaje aun mayor a mi fe y estimulando mi espíritu a alcanzar nuevas alturas. Estoy seguro de que no articulé tal sensación de este modo a esa edad tan temprana, pero sí recuerdo que cada semana sentía una excitación muy particular cuando se acercaba la hora de partir rumbo al santuario, y también la reconfortante calma interior que me invadía una vez que llegábamos allí.

Dado que nos reuníamos los martes, mi madre recitaba los Misterios Dolorosos mientras rezaba el Rosario, meditando sobre los dolores de Jesucristo. Cada Misterio debía decirse en un día distinto, y al escucharla absorta y concentrada en los sufrimientos de Cristo, sentía que mis propios sufrimientos se disipaban. Mi madre me enseñó que el Rosario podía convertirse en una poderosa arma contra el sufrimiento, ayudándome a ver que, mediante la oración y la contemplación, cualquier dificultad podía superarse. Para un niño que luchaba con tantas cargas, tal seguridad era profunda: paulatinamente fui adquiriendo una fe poderosa en que, independientemente de los problemas que pudieran acosarme, estaría protegido por el Señor Jesucristo y que encontraría mi camino si solamente tenía fe.

Mi madre era la prueba de este sencillo precepto. Soportó muchas penurias mientras nos criaba en nuestra casita, sin electricidad ni agua corriente y con un marido al que apenas veía un mes al año, y que a menudo estaba borracho. Sin embargo, nunca se quejó ni maldijo su destino. No dudaba en decir lo que pensaba, pues era una mujer fuerte, pero nunca hablaba mal de nadie. Su fe en el Señor Jesucristo había infundido en ella un resplandor que pocos poseen en este mundo. Cada semana, cuando recorríamos el largo camino hasta el santuario de san Antonio, por muy pobre que fuera, mi madre siempre traía una ofrenda para el santo, y a cambio pedía bendiciones; y la mayoría de las veces, las bendiciones que pedía eran para mí.

Su oración favorita, sin embargo, era el Ángelus, que recitaba devotamente en latín tres veces al día, a las seis de la mañana, otra vez al mediodía y luego a las seis de la tarde.

Angelus Domini nuntiavit Mariæ,

Et concepit de Spiritu Sancto.

Ave Maria, gratia plena, Dominus tecum.

Benedicta tu in mulieribus, et benedictus fructus ventris tui, Iesus.

El ángel del Señor anunció a María.

Y concibió
por obra y gracia del Espíritu Santo.

Dios te salve, María,
llena eres de gracia;
el Señor es contigo.
Bendita Tú eres
entre todas las mujeres,
y bendito es el fruto de tu vientre, Jesús.

Después de las oraciones, repartía panecillos recién horneados y plátanos entre los pobres, que tenían aun menos que nosotros.

"Pero, mamá", protestaba yo cuando la veía embolsarse unas monedas para llevarlas al santuario o llenar una cesta con pan y plátanos. "Lo necesitamos para nosotros. No tenemos suficiente para regalar".

"Pero sí tenemos suficiente, hijo mío", respondía ella. "Dar a los demás es nuestra forma de agradecer a san Antonio los favores que hemos recibido cuando ha respondido a nuestras plegarias".

Yo asentía, contemplando aquella sencilla verdad, mientras le ayudaba a repartir los panecillos y los plátanos. Teníamos tan poco, pero mi madre tenía razón. Habíamos sido bendecidos con todo lo que necesitábamos.

Aun así, yo quería más, y sabía en mi corazón que, cuando fuera mayor, recibiría una abundancia de favores. Pero para alcanzar esa abundancia, necesitaría fe.

Fue en esta misma época en que mi espíritu comenzó a abrirse a Dios, en la que mi mente se abría al mundo. Con mi tío en Singapur y mi padre en Yemen, ya era consciente de que había un mundo mucho más grande más allá de Kerala. La India había alcanzado la independencia unos años antes de que yo naciera, pero la influencia de los británicos en nuestro país seguía siendo grande. Me preguntaba cómo había sido posible que aquellos colonialistas entraran en nuestro país de casi seiscientos millones de habitantes y lo conquistaran tan fácilmente.

En un momento dado, había quince mil indios por cada británico en la India. Teniendo en cuenta que los superábamos en número, seguramente algo debía estar mal con nosotros, razoné. ¿Acaso éramos intrínsecamente débiles? No lo sabía. ¿Qué tenían esos extranjeros que les daba tanto poder? Reflexioné sobre esta cuestión mientras luchaba por comprender el mundo, rodeado por los ecos de la ocupación extranjera que seguían reverberando a mi alrededor.

Afortunadamente, mi padre nos había regalado una pequeña radio a pilas, que de inmediato se convirtió en un portal hacia ese mundo desconocido. No teníamos electricidad, por supuesto, así que nunca habíamos visto la televisión. Pero con aquella pequeña radio, podía girar el dial, escuchando la estática interrumpida caóticamente por trozos de sonido a menudo indiscernibles, pero de vez en cuando sintonizaba una emisora con claridad y podía quedarme escuchando durante horas. Una emisora en la que siempre podía confiar transmitía *La voz de América*, y escucharla cambió mi mundo.

Aquella pequeña radio se convirtió en mi mejor amiga, y todas las noches iba a mi árbol de anacardo, subía a mi rama favorita y sintonizaba *La voz de América*. Mi apetito por este país era insaciable. Llegué a creer que Estados Unidos era un país mágico, y aprender sobre él abrió mi visión del mundo. A medida que lo hacía, me interesaba menos la política local y lo que ocurría en el resto de la India y quién gobernaba qué y quién se peleaba por esto o aquello. En su lugar, me fascinó lo que ocurría fuera de nuestro país y, lo que es más importante, lo que ocurría en Estados Unidos a medida que su economía y su tecnología se disparaban en los años posteriores a la Segunda Guerra Mundial. Escuchar *La voz de América* en mi anacardo me estaba convirtiendo en un ciudadano global, y quería saber más.

La suerte quiso que mi padre nos invitara a pasar un año con él en Adén, Yemen. Nunca había viajado más allá de la casa de mi abuelo, así que la oportunidad de navegar por el mar Arábigo y vivir con mi padre durante todo un año era absolutamente emocionante. Nunca había viajado en un barco grande, y ni hablar de haber visto uno, y este era enorme, más grande que cualquier cosa que hubiera visto antes. Abordar aquel barco fue como entrar en otro mundo, como atravesar el portal de un magnífico palacio flotante. Día tras día, todos permanecíamos junto a la ventanilla y observábamos el mar mientras nos llevaba más lejos de tierra firme y de la India. Mi mente y mi espíritu estaban tan vivos y excitados por ser transportados a través de aguas tan vastas, pues sabía que nos llevaban a un mundo exótico en el que ni siquiera las palabras que pronunciaba la gente me resultarían familiares.

Fue un viaje maravilloso, y tuvimos una buena vida allí. Dado que mi padre trabajaba todo el día, no bebía mucho; y cuando no bebía, era un hombre muy agradable, amable y cariñoso, y también una persona muy sociable. Como dirigía la central de suministros para los trabajadores de British Petroleum, tenía mucha influencia: podía conseguir cualquier cosa. Eso lo convirtió en alguien muy popular, y dicha popularidad, junto con sus conocimientos de inglés, le permitieron hacerse socio del club de expatriados británicos; de hecho, era el único indio que había sido admitido en el club.

Todos los fines de semana íbamos al club a jugar a las cartas o a cualquier actividad que tuvieran para los niños. Hacían muchas fiestas de disfraces, y a veces nos disfrazábamos y lo pasábamos bien. Me encantaba ver a mi madre y a mi padre disfrazados y disfrutando de su tiempo juntos. Ese año que pasamos en Yemen fue la primera vez que realmente vivimos como una familia, con mis dos padres juntos.

La casa en la que vivía mi padre era propiedad de British Petroleum. Ella era muy espaciosa y bastante bonita; y era la primera vez que yo vivía en un hogar con electricidad y agua corriente. Pero las tormentas soplaban las arenas del desierto con tanta fuerza, que algunos días la mitad de la casa quedaba cubierta por una capa de arena, lo cual era muy desagradable. Sin embargo, este suceso casi semanal era un inconveniente menor dadas las muchas bendiciones que ofrecía el viaje.

Una de esas bendiciones era vivir entre gente de todo el mundo. Había filipinos, europeos del este, pakistaníes. Jugaba con todos ellos, aunque evitaba a varios de los niños yemeníes locales porque no me acababan de gustar: muchos eran tan ricos y consentidos que no tenían ninguna motivación para hacer nada. Ni siquiera iban a la escuela. Yo seguía estudiando de sol a sol y, aunque durante ese periodo nos educaron en casa, no supuso una gran adaptación para mí, porque ya era autodidacta en lo que respecta a lo académico. Mi hermano y mi hermana trabajaban principalmente con tutores, pero yo prefería hacerlo solo, hojeando mis libros de texto como si fueran entretenidos cómics: cada página traía un nuevo descubrimiento. Incluso llegué a aprender algo de árabe mientras estaba allí.

Había dos motivaciones que me impulsaron durante este tiempo. La primera era que ya había desarrollado un miedo a la pobreza; este miedo no surgía de nuestra propia pobreza. Aunque ciertamente éramos pobres en la India, lograba ver que había mucha gente mucho más pobre que nosotros, y yo ya estaba decidido a no acabar nunca en ese estado. El vivir con mi padre también me permitió descubrir un mundo de riqueza en Yemen, y un estilo de vida mucho más cómodo. No veía ninguna razón por la que yo mismo no pudiera vivir con esa comodidad, y sabía que la única forma de que eso fuera posible sería a través de mi educación.

La otra motivación que me mantenía tan concentrado en mis estudios era mi sed de conocimientos. Los libros trajeron un mundo completamente nuevo a mi vida, un mundo que se extendía mucho más allá de Kerala, y me empapé de cada página. A través de los libros y del conocimiento que impartían, el mundo se hizo mucho más grande y, a su vez, yo también. Aquel año en Yemen se convirtió en un año de descubrimientos que me había presentado a nuevas personas, nuevas culturas y un curso intensivo de autoestudio que encendió mi espíritu como nunca antes me había sucedido.

Pero, por desgracia, aquel año extraordinario llegó a su fin. No quería volver a la India, pero no dependía de mí; y acepté que había llegado el momento de dejar a mi padre, con quien me había encariñado mucho más y creado cierta conexión. Pero mientras navegábamos de vuelta por el mar Arábigo, no estaba triste porque sabía que un día dejaría la India y vería el mundo. También sabía que al dejar la India podría ayudar a mi familia y a mi país de un modo que nunca sería posible si me quedaba en mi país natal.

Volver a casa significaba retomar mi ajetreada vida de tareas y escuela, pero una vez más busqué refugio en mi anacardo con mi pequeña radio. Sin embargo, después de vivir cómodamente en Yemen, volver a nuestra pequeña casa sin electricidad ni agua corriente supuso un ajuste. Y aunque no teníamos tormentas de arena, sí teníamos potentes monzones que me encantaban porque nos sentábamos en nuestra veranda y veíamos cómo el viento azotaba los altísimos cocoteros con tanta fuerza, que estos se balanceaban hipnóticamente como bailarinas. El cielo se volvía de un azul oscuro y profundo o de un ominoso gris violáceo que de vez en cuando se encendía con los relámpagos. Y las lluvias, oh, las fuertes lluvias que hacían que la gente volviera a casa desde los campos, escondiendo la cabeza en sus invertidas cestas tejidas para que les sirvieran de improvisados paraguas mientras corrían en busca de refugio. Los pobres pájaros luchaban por volar contra aquellos poderosos vientos, mientras que el resto de la fauna ya se había escondido. Era como si un universo furioso se hubiera despertado; y cada momento me encantaba.

Fue una infancia bastante idílica en muchos sentidos, pero mi recuerdo de ella es de gran tensión y perplejidad mientras intentaba conciliar nuestra vida de pobreza, trabajo duro y devoción cristiana con el conocimiento de que poseía una mente dotada y que yo era depositario de un destino aún desconocido. Sentía como si observara mi vida del mismo modo que lo hacía los monzones; y aunque mi futuro aún no estaba claro para mí, sabía que me esperaban días más brillantes, y estaba desesperadamente ansioso por darles la bienvenida.

El colegio secundario fue otro punto de inflexión en mi vida, aun más significativo dada mi corta edad. Apenas tenía diez años cuando terminé la escuela primaria y entré en dicho mundo, pero ya había desarrollado una naturaleza precoz que me facilitó muchas aventuras. Ingresé en el instituto St. Augustine, que por casualidad era propiedad de mi abuelo. Había comprado el terreno y construido la escuela, que incluía unas treinta aulas y un gran campo de fútbol y otras instalaciones deportivas.

La escuela era para los grados quinto a duodécimo, y por primera vez iría a cursar cada año por separado, en vez de tomar clases de varios grados simultáneamente. Mi tío Augustine era el director, pues tenía un máster en educación; mi tío Christopher era el administrador y mi tía Stella, la mujer de Augustine, era la directora. Fue una oportunidad muy afortunada para mí, ya que podía entrar en el despacho de mi tío Augustine siempre que quisiera, lo que me proporcionó un gran prestigio en la escuela.

Me iba muy bien en la escuela; en particular me destacaba en la clase de inglés, y aventajaba por mucho a los demás alumnos. Mi tía Stella daba dichas lecciones y estaba muy orgullosa de mí. A menudo me pedía que me levantara y diera la clase, de lo bien que se me daba el idioma. También tenía mucha aptitud para las matemáticas y aprobaba con facilidad historia y ciencias sociales. Apenas tenía que estudiar para los exámenes, y siempre acababa primero de mi clase, año tras año, estableciendo a menudo récords que aún no han sido superados... al menos que yo sepa. Me acostumbré tanto a ser el primero de la clase que nunca se me ocurrió que no lo sería. Para asegurarme de seguir en lo más alto, desarrollé una estrategia: evaluaba a mis compañeros para determinar quién sería el número dos. Luego observaba a esa persona muy de cerca y buscaba la forma de superarlo. No me importaba el resto de la clase, solo me importaba esa persona que quedaría segunda.

Pero un año había un chico nuevo que se había incorporado a la escuela a mitad de curso porque su padre era jefe de la estación de tren y lo habían trasladado de otra estación. No era un chico notable en ningún aspecto y tampoco era muy sociable, así que no le presté mucha atención. El ciclo lectivo estaba a medio terminar, y yo estaba centrado en un chico brillante al que había estado observando todo el año y al que estaba decidido a vencer. Cuando llegaron los exámenes estaba tan seguro de que le ganaría, que pensé que sería fácil volver a quedar primer.

Sin embargo, cuando se publicaron los resultados, me quedé estupefacto al ver que había quedado segundo. El chico nuevo, al que no había prestado atención, estaba al tope del ranking. No me había dado cuenta de lo bueno que era, pero era innegable que era mucho más listo de lo que yo había supuesto. Estaba muy enfadado y no tenía experiencia en perder contra alguien mejor que yo. No tenía ni idea de cómo lidiar con ello.

Aquel fin de semana volví a casa totalmente humillado. Teníamos un ritual familiar que realizábamos cada trimestre, en el que mi madre llenaba nuestra taza más grande de leche y yo, el vencedor, me la bebía mientras mi hermano y mi hermana bebían de las tazas más pequeñas y mi familia me felicitaba por mi éxito. Pero esta vez sabía que no bebería de la copa grande, pues no había sido el mejor alumno de mi clase. Para aumentar mi enfado y humillación, ese mismo año mi hermana Gladis llegó a casa con sus notas, ¡y por primera vez había quedado la primera de su clase!

Estaba furioso. Tuve que ver cómo Gladis presentaba la taza grande a mi madre, que vertió un poco de leche en ella. George, por supuesto, nunca estuvo ni cerca de llegar ser el primero, así que estaba acostumbrado a beber de la taza más pequeña. Pero yo no, así que cuando mi madre empezó a verter leche en una taza más pequeña para mí, le dije: "No voy a beber leche. No me gusta la leche".

"Pero, Lenny", dijo mi madre, con una sonrisa apenas perceptible en la cara, "sabes bien que te encanta la leche".

"¡No!" Sacudí la cabeza desafiante. "Me duele la panza".

Durante años mi madre contaría, riendo, aquella historia. "Así de malo eras. No eras capaz de perder ni una sola vez". Luego se reiría un poco más.

Ahora también puedo reírme de ello, pero entonces solamente podía pensar en lo enfadado que estaba con mi hermana, porque ella había quedado primera ese trimestre y yo no. Hoy en día, cada vez que veo un vaso de leche, me viene a la mente esa historia. Pero como con cualquier otro fracaso, la experiencia me dejó una buena enseñanza. Aprendí que, cuando se compite por un objetivo, es importante no juzgar tan rápidamente a alguien como irrelevante;

la gente puede sorprenderte. Y aprendí a no tomar el éxito por sentado, porque puede que seas primero un día y acabar segundo al siguiente. Aprendí una lección más de mi derrota. Me decidí a trabajar con más ahínco que nunca para ser un ganador.

La secundaria y preparatoria fue una época emocionante, y también me brindó mi primer contacto con el mundo de los negocios. Era un joven tímido y quería dejar de serlo. Tenía mucha confianza en mí mismo, pero en entornos sociales dudaba, quizá debido a mi corta edad. Toda mi fuerza motriz estaba focalizada en vencer mis limitaciones, para así poder convertirme en la persona que estaba destinado a ser: la persona que mi abuelo sabía que sería desde el día en que nací. Así pues, cuando se me presentó la oportunidad de demoler los límites sociales que yo mismo me había impuesto, la aproveché.

Una vez al año, nuestra escuela organizaba un gran banquete. Cada año se elegía a tres alumnos para que se encargaran de comprar la comida y contratar al cocinero y a los camareros. Incluso administraban el dinero pues también se encargaban de pagar por los servicios directamente, y dependía de ellos mismos utilizar ese dinero sabiamente.

Como no había recompensa por el duro trabajo de organizar el evento, no existía incentivo para mantener bajos los costos. El resultado era que se derrochaba mucho dinero, y la calidad de la comida también se veía afectada.

Me di cuenta enseguida de que los alumnos responsables eran los que dirigían el espectáculo. Dado que dicha responsabilidad requería tanto tiempo – además de todos nuestros estudios –, la mayoría de los estudiantes no estaban interesados en todo ese trabajo extra. Pero yo lo vi como una oportunidad, así que en mi último año me ofrecí como voluntario para encargarme de la comida del evento, con la condición de poder hacerlo todo yo mismo. Prometí que proporcionaría la mejor comida y organizaría el mejor evento de todos; pero también me quedaría con los beneficios. No quería que nadie más tomara decisiones, pues ya tenía un plan y quería tener el control total sobre él.

Gracias a que yo procedía de una comunidad pesquera, conocía a muchos pescadores y mi madre me había adiestrado en el arte de la negociación para conseguir el mejor pescado al mejor precio. También podía procurar arroz barato, ya que crecía en abundancia cerca de mi pueblo.

Ahora bien, ten en cuenta que entonces solo tenía trece años, pero era un chico listo. Todos accedieron a mi petición y, como había prometido, tuvimos el mejor evento en la historia del colegio. Lo mejor de tal experiencia: me quedé con los beneficios. Con aquella pequeña empresa, el capitalista que había en mí había visto la luz. Me di cuenta de que podía ganar dinero como empresario – aún no había aprendido la palabra *emprendedor* – y que, si proporcionaba algo que la gente deseaba, ellos podrían proporcionarme algo que yo quería: dinero.

Prosperé en aquella escuela, pero no veía la hora de llegar a la gran ciudad y tomarme en serio mi futuro. Como cualquier joven, me debatía sobre cuál sería mi camino en la vida y en qué me convertiría. Me planteé ser abogado o dedicarme a los negocios y obtener un máster en administración de empresas, pero estaba inquieto por salir de la India y abrirme camino en el mundo. Una licenciatura en derecho de la India no sería transferible a otro país, y un máster en administración de empresas también sería limitado. Necesitaba un título que pudiera llevarme a cualquier parte del mundo. Fue entonces cuando se me ocurrió que, si hay algo que no cambia, en el país que fuere, es el cuerpo humano. Y a diferencia de los libros de texto de empresariales o derecho, que estaban escritos en hindi o malabar, todos los libros de anatomía y fisiología – y de hecho, todos los libros de medicina – estaban en inglés. Si estudiaba medicina en inglés, podría ir a cualquier parte.

Convertirme en médico se sentía como algo natural para mí. Desde que era niño me encantaba disfrazarme de médico y que me llamaran doctor. Y a medida que crecía y dedicaba más tiempo a mi fe, la curación era algo que me resultaba natural. Quería ayudar a la gente de mi pueblo y, cuando alguien enfermaba, sabían que podían llamarme para que los llevara al hospital de la facultad de medicina, hacer la cola con ellos y asegurarme de que vieran a la persona adecuada que podría ayudarlos. Aunque aquellos gestos podían deberse a mi fe cristiana y al ejemplo de mi madre, que siempre estaba dispuesta a darles una mano a los demás, ayudar a la gente a recibir la atención que necesitaba había sembrado en mí las semillas de mi futuro. Cada vez yo era más consciente de que me había convertido en un vehículo a través del cual la gente podía encontrar una atención sanitaria adecuada. Curar a la gente parecía encajar perfectamente con mis intereses profesionales y mi creciente devoción por el cristianismo y la fe. Y si podía ganar dinero con ello, tanto mejor, siempre que pusiera la voluntad de Dios en primer lugar.

⇥ CAPÍTULO 4 ⇤

Forjando mi propio camino

En 1965, a la edad de catorce años, después de terminar décimo grado[1], me fui de casa. Me habían concedido la Beca Nacional al Mérito, y mis calificaciones nacionales eran muy altas. Me aceptaron al ingreso de la carrera de medicina y luego en la facultad de medicina de Trivandrum, la capital de Kerala. Esto estaba permitido en el sistema indio.

A pesar de lo emocionado que estaba por empezar mis estudios de medicina, la idea de estar solo, lejos de mi familia, me resultaba difícil. El vínculo con mi padre se había hecho más estrecho en los últimos años, y los lazos con mi madre y mi abuelo seguían siendo fuertes. Me sentía un adulto maduro intelectualmente, pero emocionalmente seguía siendo un niño; y esas dos emociones contradictorias se arremolinaban en mi interior, pero me mantuve firme y me centré en mi futuro.

Mi padre intentó persuadirme de que me quedara, sugiriéndome que podría aprovechar el tiempo para estudiar y madurar; pero yo tenía un destino que cumplir, y ello dependía de mí. Había rezado para tener la oportunidad de ver el mundo y estudiar medicina, y Dios había respondido a mis plegarias. No podía rechazar esta oportunidad, por muy asustado que estuviera.

---

[1] El equivalente al tercer año de la secundaria o bachillerato en América Latina.

Empacamos dos maletas y, tras despedirme de mi madre y mis hermanos, mi padre y yo caminamos descalzos por los arrozales hasta la lejana parada de autobús. Una vez allí, charlamos como si estuviéramos yendo al mercado, pero ambos sabíamos que se trataba de un momento definitorio. Yo volvería de visita, pero a partir de ahora mi hogar estaría en otra parte, y la adultez me esperaba al final de aquel viaje en autobús.

Mi hermano George también había sido admitido en la universidad, pero nuestra familia tenía dinero para pagar una parte del alojamiento y la manutención de solo uno de nosotros. Gladis ya estaba en la universidad, estudiando zoología. Yo tenía una beca completa para la matrícula y dos becas adicionales, pero seguiría necesitando la ayuda de mis padres para cubrir una parte del alojamiento y la manutención. Normalmente el hijo mayor viviría en el campus, pero hacía tiempo que George había dejado de meterse conmigo y me quería mucho, así que cuando mis padres sugirieron que fuera él quien se quedara en el campus, dijo: "No, que se quede Lenny. Yo haré el trayecto diario en autobús".

Era un viaje largo desde nuestro pueblo hasta Trivandrum, de al menos una hora – y a menudo dos –, lo que significaba llegar tarde a clase y volver a casa tan cansado que apenas podías caminar otro kilómetro para tomar otro autobús y luego hacer el largo viaje de vuelta a casa. Pero durante los años siguientes, George soportó de buen grado ese largo periplo diario para que yo pudiera centrarme en mis estudios. Reconocía y respetaba mi seria búsqueda de la educación. Todos aquellos años ayudándole con los estudios habían merecido la pena, y mi amor por él no podía ser más grande. Había pasado de ser un chico popular que se divertía molestando a su hermano pequeño a un joven amable y generoso que anteponía las necesidades de los demás a las suyas propias.

Entonces había llegado el momento de emprender el largo viaje hacia el que sería mi nuevo hogar. Mi padre y yo subimos al autobús y recorrimos las carreteras sinuosas y llenas de baches que serpenteaban por los pueblos como una serpiente entre la hierba. A medida que nos acercábamos a la ciudad, la ruta se hacía más recta; y continuamos avanzando por el largo camino largo que paulatinamente se fue haciendo más transitado, donde con mayor frecuencia aparecían negocios y mercados, enmarcados por la tierra de color siena moteada con el verde brillante de los altos cocoteros y las copas de los anacardos, que eran algo más bajos.

El polvo de la carretera flotaba como una nube espesa en el calor implacable, el cual nos obligó a mantener todas las ventanillas abiertas. El autobús iba tan lleno, que nuestros cuerpos se frotaban unos contra otros, y la gente charlaba; por suerte, el olor de tanta gente acalorada y sudorosa era atenuado por los panes aromáticos, las *dosas* y los mangos maduros que todos habíamos empaquetado para comer más tarde.

Sin embargo, mi mente no estaba en el viaje en autobús ni en mi malestar físico. Mi padre y yo charlamos sobre mis planes. Asentí cuando me recordó que estudiara mucho, que no me metiera en líos y que me ocupara de mis asuntos, y respondí: "Sí, papá... Sí, señor... Lo haré... Lo sé". Sin embargo, solamente podía pensar en lo emocionado, nervioso y asustado que estaba. Pero no podía dejar que mi padre lo notara.

Llegamos al campus y encontramos el albergue donde viviría – la versión india de un dormitorio universitario –; allí, mi padre se despidió con un abrazo, ya que no se le permitía quedarse. Pude ver en sus ojos que estaba triste por dejarme allí solo, pero también noté el orgullo en sus ojos y supe que algún día lo haría sentirse mucho más orgulloso. Pero detrás de mi propio orgullo, yo estaba profundamente triste y asustado. Lo observaba alejarse desde mi ventana, pensando que esa era la última vez que me despediría de él como su hijo. Ahora era un hombre. Y a partir de entonces tendría que pagarme mis propios gastos.

La habitación era sencilla, con dos camas delgadas separadas por media pared. Afortunadamente, tenía electricidad y cada estudiante disponía de su propia lámpara para estudiar. Habiendo crecido sin electricidad, algo tan sencillo como una lámpara eléctrica era una bendición, y yo estaba agradecido por el resplandor que me iba a traer noche tras noche.

Me instalé en mi habitación con otro compañero, un chico muy apuesto que era mucho mayor que yo. Ya había terminado tres de los cinco años de su carrera, y me miraba de forma muy parecida a como George lo hacía cuando éramos pequeños. Yo era apenas un jovencito y no sabía nada de la universidad ni de lo que teníamos que hacer ni de lo que iba a pasar. Pero no quería estar solo, así que hablé con él e intenté ser amable y encantador, sin dejar de pensar: *Mañana, cuando me despierte, tendré que cuidar de mí mismo.* Estaba solo.

A pesar de la dificultad de aquellos primeros días en la universidad, pronto me asenté; y poco después, estaba tan ocupado con mis estudios que tenía poco tiempo para reflexionar sobre todo lo que había dejado atrás. Pero sí encontré momentos para reflexionar sobre todo lo que tenía por delante, ya que eso era algo que me impulsaba a triunfar.

Me enteré de que mi compañero de habitación pertenecía a una familia adinerada, y sentí envidia de su ropa y sus zapatos finos. Pero no dejé que ella me venciera. Por el contrario, la utilicé como combustible para esforzarme aún más, de modo que algún día yo también podría tener esos atuendos y calzados tan elegantes.

No llevaba mucho tiempo allí cuando conocí a un sacerdote, el Dr. Abraham, que era el director del alojamiento universitario. Era muy estricto, pero me tomó afecto y yo a él, y pronto empecé a trabajar como una especie de ayudante. Cualquier cosa que necesitara, ya fuera poner un cartel en la capilla o hacer un anuncio, yo estaba dispuesto a ayudarlo. Como resultado, nos hicimos bastante amigos; y al pasar mi tiempo con gente mayor, también empecé a madurar.

Asimismo descubrí el consulado norteamericano, a solo tres kilómetros del campus. Todos los meses recibían nuevos números de dos revistas: *Reader's Digest* y *Life*. Aquellas publicaciones me fascinaban. *Life* estaba llena de fotos glamurosas de gente, lugares e ideas de un mundo con el que yo apenas había soñado: los Kennedy, Martin Luther King, la caminata espacio; y estrellas de cine: John Wayne, Peter O'Toole, Frank Sinatra. Lugares: Chicago, Hawái, Nueva York. Cada página que pasaba me traía una imagen nueva y fascinante de un mundo del que tanto deseaba formar parte. Me imaginaba en la portada de una revista así, con una vida tan extraordinaria como la de aquellos sobre quienes leía.

Por grande y brillante que fuera la revista *Life*, fue la pequeña y compacta *Reader's Digest* la que me trajo un mundo americano más corriente; aunque a los ojos de un joven indio, ese mundo normal era extraordinario. Estaba repleta de historias y artículos sobre política, la guerra de Vietnam, el cristianismo y la vida cotidiana.

Me gustaban tanto los chistes y los juegos de vocabulario y los cuestionarios, que cada mes esperaba impacientemente su llegada. Y cuando por fin arribaba ese día, por muy ocupado que estuviera, pensaba: ¡No puedo esperar ni un minuto más! Dejando a un lado mis estudios, ese mismo día tomaba un autobús hasta el consulado para ver las respuestas a los cuestionarios del mes anterior y comprobar si las había acertado todas. Y casi siempre era así.

Leía cuidadosamente esas revistas casi tanto como los textos de biología, química y física, pues mi cerebro ardía con toda la información que consumía. Apenas tenía tiempo para la vida social, pero continuaba con mi fe, rezaba dos o tres veces al día e iba a misa siempre que podía. Cuanto más dedicaba mi vida a Dios, descubrí, más fácil se me hacía la vida, así que no era una carga invertir el tiempo extra en mi fe. Es más, la oración y la fe me ayudaron a sentirme cerca de mi madre, aunque estuviéramos tan lejos.

Afortunadamente, la comida de la cafetería era fresca y deliciosa, así que por mucho que echara de menos la cocina de mi madre, lo que había allí no estaba nada mal. Era incluso mejor que la comida que solía conseguir en el instituto, ya que la oferta disponible en la ciudad era mucho más variada, el pescado era fresco, la carne estaba deliciosa y las verduras eran de la mejor calidad.

Echaba mucho de menos a mi familia y, aunque la visitaba cada vez que podía, mi vida había tomado un giro hacia el futuro y mi infancia se alejaba rápidamente en la distancia mientras miraba hacia la facultad de medicina y planeaba abandonar la India para siempre. Entonces, una mañana, mi infancia se rompió para siempre cuando llamaron a la puerta de mi dormitorio. Era un familiar lejano al que habían enviado con la noticia que yo esperaba no oír nunca: mi abuelo había fallecido y yo tenía que volver a casa.

La noticia me destrozó. Aunque tenía más de setenta años y sufría problemas pulmonares, su muerte no dejó de ser un shock. En mi mente, mi abuelo era inmortal, y que muriera antes de que yo hubiera terminado la carrera de medicina era una pérdida aun mayor. Deseaba tanto que me viera licenciarme, hacerme médico, convertirme en un hombre rico y de éxito; algo que estaba decidido a hacer. De repente, con un simple golpe en la puerta, aquel sueño se silenció para siempre. Nunca me vería graduarme, nunca conocería al hombre en que me convertiría. Apenas podía contener mi pena.

No había tiempo para esperar al autobús, así que alquilamos un coche y condujimos directamente a casa. El viaje no fue largo, apenas una hora y media, pero me pareció una eternidad cuando me di cuenta de que no volvería a sentarme con mi abuelo, no volvería a oír su voz ni sus sabias palabras, no volvería a verlo caminar con su bastón bañado en oro, aconsejando a los muchos hombres y mujeres que buscaban su sabiduría.

Mi familia esperaba mi llegada porque no se podía tomar ninguna decisión hasta que yo regresara. Además, su alma no podría partir sin que yo estuviera presente. Aunque yo no era el varón mayor, y mis tíos Augustine y Christopher eran sus hijos, la familia sabía que yo era el favorito de mi abuelo y pretendía tomar su lugar de honor en la familia. Aún no había cumplido los dieciocho años, pero ya me sentía como si solamente yo fuera a cargar con la responsabilidad del futuro de mi familia. La pena, la presión, la conmoción, todo se arremolinaba en mi interior mientras conducíamos por la misma ruta que me había llevado desde mi pueblo hasta la universidad, y que ahora me depositaba de regreso a mi hogar.

Cuando por fin llegamos a casa de mis abuelos, la fila de dolientes era tan larga que tuvimos que aparcar bastante lejos de la casa y atravesar un largo pasillo para llegar a la entrada flanqueada por dolientes a ambos lados. Estuve llorando todo el camino hasta la casa. Cuando llegamos al porche, vi a sus hijos – mis tíos – silenciosamente de pie, dándome la bienvenida.

Mi abuelo estaba tendido en su ataúd, descansando en el salón. Lo habían vestido con sus mejores ropas y cubierto con un paño de lino, y su sabio rostro emanaba pureza y tranquilidad. Inmediatamente caí sobre él, lo abracé y lloré por el querido abuelo que nunca volvería a ver. Un poco después, lo solté y me alejé, y el ataúd fue llevado a la veranda al aire libre para que todos los dolientes pudieran verlo. Fue entonces cuando empezamos a hacer planes para su entierro, pero era un momento tan difícil que apenas podía concentrarme. Solamente podía pensar en lo mucho que deseaba que se incorporara, que volviera a estar vivo, que se borrara ese horrible momento.

Durante el resto del día yació en la capilla ardiente armada en la veranda, mientras sus allegados se sentaban a su lado para velar por su alma. Por fin las visitas se fueron, pero nosotros continuamos sentados con él hasta el día siguiente, cuando sería enterrado. Mientras lo acompañábamos allí, otros preparaban el camino por donde pasaría su ataúd. A lo largo de los senderos que atravesaban el laberinto de casas, se colocó un toldo de paja hecho con las hojas de los cocoteros para que, si llovía, no resbaláramos en el barro mientras llevábamos el pesado ataúd, y también para que este no se ensuciara con la lluvia. La iglesia estaba a casi un kilómetro y medio, así que fue una procesión larga; pero para honrar a mi abuelo, no se escatimó nada.

El gran portón de madera que conducía a la casa de mi abuelo estaba preparado de forma similar, cubierto de hojas de coco para crear una hermosa glorieta por la que pasaba la gente. El patio y todas las habitaciones de la casa estaban finamente decorados como para una gran fiesta. El cuerpo de mi abuelo estaba cubierto de flores perfumadas, pero era una vista desgarradora que yo apenas podía creer que estuviera contemplando.

Cantamos himnos y recitamos oraciones, y luego – tristemente – lo cubrieron con sal del cuello para abajo y colocaron la tapa del ataúd sobre él y la aseguraron con clavos. Entonces, yo y los demás hombres de la familia lo llevamos a lo largo del largo camino hasta la iglesia para el servicio final. Desde allí, lo condujimos a su última morada, donde fue enterrado; y cada uno de nosotros echó puñados de tierra y flores en su tumba.

Nunca antes había sufrido tanto dolor, y no podía imaginarme el futuro sin él. Pero mi futuro estaba ante mí y, con la muerte de mi abuelo, tomé un papel más importante en mi familia. Aunque no era el patriarca, se me consideraba el heredero de la sabiduría de mi abuelo; y desde aquel día, mi familia – incluso mis tíos Augustine y Christopher, así como mi propio padre – recurría a mí en busca de consejo. Yo ya había adquirido muchos conocimientos y sabía de muchas cosas, desde política hasta actualidad, desde el cuerpo humano y las matemáticas hasta cómo ganar dinero. Aunque aún era un adolescente – apenas tenía dieciséis años –, me había hecho más sabio de lo que me correspondía por mi edad, y mi familia me buscaba para pedirme consejo incluso después de que volviera a la escuela.

Tras la muerte de mi abuelo, mi madre había heredado algo de dinero, y por fin mi padre tomó la decisión de jubilarse de su trabajo en Yemen y volver a casa. Pero tenerlo de vuelta todo el año hacía que nuestra casita pareciera aun más pequeña; así que con el dinero que tenía de la jubilación y la herencia de mi madre, decidieron comprar un terreno cerca de la ciudad, donde tendrían más espacio y estarían menos aislados. Encontraron un buen lote en el centro de la ciudad, y se decidieron por una casa de cuatro dormitorios que tuviera espacio de sobra para todos.

Sin embargo, cuando llegó el momento de ponerse manos a la obra, quedó claro que mi padre estaba en verdaderos aprietos. Sabía trabajar con la gente, pero su comprensión de la construcción y de lo que suponía supervisar un proyecto como este no era su fuerte. Además, a última hora de la tarde ya estaba listo para empezar a beber, lo que no ayudaba en absoluto.

George había terminado la universidad y se disponía a marcharse de Kerala, así que no podía ayudar. Pero yo ya sabía que tenía un don para resolver problemas, así que me ofrecí a dirigir el proyecto. Tendría que tomar el autobús de ida y vuelta, lo cual no era nada cómodo, pero la oportunidad de aprender sobre construcción y vivienda era demasiado buena para dejarla pasar. Al fin y al cabo, había visto cómo mi abuelo se había enriquecido comprando propiedades que convirtió en una oficina de correos y una escuela. Si podía aprender a construir una casa, razoné, también podría aprender a construir un negocio más adelante.

Tras convencer a mis padres de que podía encargarme del proyecto y seguir estudiando, me puse manos a la obra. Encontré a un arquitecto que pudiera trazar un plano y me senté con él mientras considerábamos dónde colocar el porche, dónde la cocina, dónde la sala de oración. ¿Qué tipo de contraventanas deberíamos poner en las ventanas? ¿Qué tipo de tejado y qué tipo de techo deberíamos tener? ¿De qué colores deberíamos pintar el interior y el exterior? ¿Qué tipo de materiales deberíamos utilizar?

Yo lo supervisaba todo; al hacerlo, aprendí mucho sobre cómo mantener los costos bajos, cómo trabajar con permisos, qué funcionaría y qué no y por qué. También supervisaba a adultos, una experiencia que me obligó a ser menos engreído y más maduro. No solamente tenía que exudar confianza, sino que tenía que *serlo*.

Una vez iniciada la fase de construcción, surgió un nuevo problema. La madera, los ladrillos, las ventanas – todos los materiales de construcción valiosos – a menudo había que dejarlos fuera toda la noche, donde cualquiera podía venir y robarlos. Solo había una solución: las noches en que los materiales llegaban o se apilaban, yo tenía que dormir allí, a la intemperie, con serpientes y todo. No me gustaba la idea, pero mi buen amigo Oswald se ofreció a acompañarme esas noches, así que eso hicimos: acampamos fuera de la casa, bajo un árbol de jaca.

Yo había organizado mis clases de modo que pudiera salir temprano, y cada mañana me despertaba a eso de las 5:00 a.m., luego tomaba el autobús de vuelta a la universidad – que quedaba a una hora de distancia –, me sentaba en mis clases o tomaba mis exámenes; luego volvía a subir al autobús y estaba de vuelta a las 3:00 o 4:00 p.m. para gestionar y pagar a los trabajadores. Al anochecer, llegaba Oswald para hacerme compañía, y dormíamos allí mismo en el suelo, bajo el sofocante calor indio, sin nada más que unas cuantas almohadas y mantas ligeras.

Mis padres me pagaban por mi trabajo, lo que me daba algo de dinero para gastos, aunque nunca tuve tanto como muchos de los niños de la universidad. Aún no podía permitirme conducir un coche lujoso o vestir ropa fina, pero podía darme el gusto de ir a cafés y guardar algo para futuras inversiones. Pero lo más importante es que me sentí muy orgulloso cuando la casa estuvo terminada. Había ayudado a mis padres a construir la casa de sus sueños. Era tan bonita, con paredes amarillas y ribetes rosas, grandes ventanales y un tejado plano. Se había construido sobre cimientos de cemento, por lo que no había suelo de tierra, y justo al lado tenía un enorme pozo para que mi madre pudiera conseguir agua fácilmente sin tener que acarrearla desde lejos.

Bautizamos la casa como Bethany, un nombre que mis padres y yo escogimos de la Biblia. Bethany (Betania) era el pueblo donde vivían Marta, María y Lázaro, tres personalidades muy diferentes mas unidas por el amor a sus semejantes y a Jesús. Así sentí que era nuestro hogar: un lugar que incluía a todo el mundo, donde gente de diferentes credos, orígenes y clases económicas podían venir y sentirse bienvenidas.

Mis padres estaban muy orgullosos de mí, y la alegría que sintieron al hacer de Bethany su hogar fue y sigue siendo uno de los logros que más me enorgullecen de mi vida. Cuando terminaron las obras y mis padres se mudaron, por fin pude empezar mis estudios de medicina clínica. El único problema era que no tenía la edad suficiente.

Por desgracia, se había aprobado una nueva ley que exigía que todos los que ingresaran en la facultad de medicina clínica tuvieran al menos diecisiete años. Dado que por entonces aún tenía dieciséis, no tuve más remedio que esperar un año más, pero estaba decidido a no desaprovecharlo. Me centré en la física, la química y la biología avanzadas, confiando en que ello me facilitaría la comprensión del trabajo clínico que me esperaba. Fue justo entonces cuando me llegó otro gran trabajo, un proyecto de grupo, que acepté gustoso: encontrar un marido para mi hermana era una tarea que les correspondía a los hombres de la familia.

Puede resultarle extraño a un estadounidense, e incluso a muchos indios modernos, que una mujer no elija a su propio marido. Aunque fuéramos cristianos, la costumbre india era que las familias concertaran los matrimonios de sus hijas, al menos en la mayoría de los casos; pues las jóvenes no salen y solo tienen citas. El razonamiento para tal arreglo es que los corazones jóvenes no siempre son corazones sabios, mientras que el juicio de unos padres maduros suele conducir a un mejor emparejamiento. Además, los matrimonios en la India tienen que ver tanto con el estatus y el futuro de la familia como con el de los novios. En una sociedad matrilineal, al linaje familiar le importan mucho con quién se casen las mujeres. Así pues, la familia decide el emparejamiento.

George estaba demasiado ocupado intentando encontrar un trabajo para participar en muchos de los detalles, pero mis padres y yo nos propusimos encontrar a alguien que fuera un compañero de vida adecuado para Gladis, alguien digno de ella y de buena familia, igual que mis abuelos habían hecho con mis padres.

Gladis no tenía nada que objetar, pues el matrimonio concertado era la costumbre; aunque, por supuesto, ella tendría la última palabra. Así que nos pusimos manos a la obra. Hicimos correr la voz y encontramos unos cuantos jóvenes que eran buenos candidatos, pero no exactamente lo que buscábamos. Queríamos que se casara con alguien con una carrera prestigiosa, y en la India esta era la de médico.

Los médicos estaban al tope de nuestras preferencias. Después, un ingeniero o alguien del mundo de los negocios. La más baja eran los abogados, por lo cual decidimos evitarlos. Los maestros y los profesores universitarios también están bastante abajo, al menos desde el punto de vista económico; pero están bien vistos, así que muchas familias estarían contentas con un maestro o un profesor. Pero los médicos son otra clase, sobre todo si fundan su propio hospital. Un médico así sería un buen marido para Gladis.

Me puse manos a la obra y comencé a hacer averiguaciones entre mi círculo profesional, y al final di con un joven que acababa de terminar la carrera de medicina. Era guapo y de buena familia, así que mi tío Augustine, mi padre, George y yo nos reunimos con su familia. Gladis les causó una gran impresión, y estuvieron de acuerdo en que podría ser una buena esposa para su hijo. Pero entonces surgió la cuestión de la dote. En India, la familia de la novia tiene que pagar a la del novio una cantidad de dinero para compensarlos por la pérdida de un varón de la familia, que se irá para unirse al linaje de la mujer. Cuanto más estatus y seguridad económica tengan el hombre y su familia, mayor será la dote. Y su familia quería muchísimo dinero, mucho más del que mi familia podía permitirse.

Su padre era un buen negociador, y a veces las discusiones se volvían acaloradas. Era un poco más agresivo de lo que habría sido la mayoría de la gente, pero lo tolerábamos. Sin embargo, llegó un momento en que estaba claro que, para que Gladis pudiera casarse con aquel joven adinerado, mi familia tendría que renunciar a casi todo lo que poseía, incluida Bethany, la casa de ensueño de mis padres que yo les había ayudado a construir hacía poco. La edificación se había construido en casi dos hectáreas de terreno, con muchas propiedades a su alrededor. Tenía una bonita verja y muchos cocoteros y tierras muy fértiles con productos agrícolas varios. Cualquiera estaría orgulloso de vivir allí, y a mis padres les encantaba su casa.

Durante los días siguientes, consideramos las opciones que teníamos ante nosotros.

"¡No, no podemos hacerlo!", insistió mi padre, poco dispuesto a ceder ante Bethany.

"No podemos. Es nuestro hogar. Y cuando fallezcamos, nuestros bienes deberán dividirse a partes iguales entre los tres. No podemos renunciar a nuestro hogar".

Propuse un plan.

"No quiero nada de esto", le dije. "Realmente quiero darle la casa a ella. Porque algún día tendré la mía propia, y me aseguraré de que no le falte nada a la familia. Y podemos hacer que incluyan una estipulación en el documento que diga que mamá y papá podrán vivir allí de por vida. Nadie los obligará a mudarse, y nadie podrá ir a vivir allí sin vuestro permiso. Pero cuando fallezcan, Bethany será para mi hermana y su familia".

George se quedó callado, pues no era muy negociador ni tomaba muchas decisiones, y Augustine no dijo nada, pues no tenía voz ni voto en ese tema; la decisión dependía de mi madre y de mi padre, pero ellos confiaban en mí. Ya habían visto lo suficiente en mí como para saber que era ambicioso. Confiaban en que cumpliría mi palabra y cuidaría de la familia. Cuando consideraron el asunto, se sintieron lo suficientemente persuadidos por mí como para estar de acuerdo. Si yo estaba dispuesto a renunciar a mis derechos sobre la casa y George también, a todos les convendría incluir a Bethany en la dote, siempre que pudieran permanecer allí el resto de sus vidas.

Llegados a este punto, solo era cuestión de convencer a George, quien estaba comprensiblemente disgustado ante la perspectiva de perder su parte de la herencia, pero lo conseguimos. Aseguré a mis padres que lo ayudaría a asegurarse un buen puesto en el gobierno. En el sistema socialista de la India, la industria petrolera y los sistemas ferroviario, aéreo y postal eran propiedad del gobierno. Lo único que él tenía que hacer era sobresalir en los exámenes de ingreso.

"No se preocupen", les dije a mis padres. "Yo lo entrenaré y le diré exactamente lo que tiene que hacer en los exámenes, para que saque la nota más alta y consiga un buen trabajo". Además, le recordé a mi padre que sus propios contactos en Oriente Medio también podrían ayudar a George, ya que Dubái estaba creciendo y tendría abundancia de puestos de trabajo, un punto que a mi padre le pareció convincente.

Una vez que mis padres estuvieron de acuerdo, le presentamos nuestro plan a George; por suerte, logramos convencerlo de que así le iría mucho mejor, y además entendió que de ese modo nuestra hermana estaría asegurada económicamente al formar un buen matrimonio.

Y así fue como se consiguió la dote y Gladis se casó. Para entonces ella estaba enseñando biología marina y zoología en la universidad, pero dejó su trabajo y empezó una vida feliz con un buen hombre que hasta hoy ha sido un marido y un padre maravilloso.

Mientras tanto, yo contaba los días que faltaban para cumplir diecisiete años y empezar mis estudios de medicina clínica.

Finalmente tan ansiado momento llegó: comencé la carrera de mis sueños y pasé los años siguientes con mi nariz enterrada en libros de medicina y haciendo rondas clínicas. Por fin había alcanzado el primer gran objetivo de mi vida, y ese logro me dio el impulso necesario para continuar mi senda.

No llevaba mucho tiempo en la facultad de medicina, cuando tomé la responsabilidad de ser el enlace médico de la comunidad cristiana de pescadores de la región, un puesto de alto estatus que me dio una considerable influencia social, a pesar de mi corta edad. En la India, aunque todo el mundo recibe atención médica gratuita, los programas sanitarios están tan mal gestionados en algunas partes del país, que la gente puede esperar horas para ser atendida, solo para que a las 4 de la tarde le digan que la clínica está cerrada y que deben volver al día siguiente; algo especialmente enloquecedor si se tiene en cuenta que algunas personas suelen caminar – o ir en autobús – varias horas para llegar a la clínica.

Pero como enlace médico, podía hacer que cierta gente se saltara la cola; y, como es fácil imaginar, muy pronto empecé a caerles muy bien a todos aquellos que me conocían. Si estaban enfermos o heridos, lo único que tenían que hacer era avisarme y yo me encargaría de que los atendieran rápidamente en la clínica. En aquella época no teníamos teléfonos móviles, así que no siempre era fácil localizarme; pero de algún modo la gente se las arreglaba para encontrarme todos los días, lo que me mantenía aún más ocupado.

Prosperé en mi nueva carrera, y por primera vez percibí que estaba cumpliendo mi destino. Me sentí como si por fin hubiera terminado una carrera, cruzando victorioso la línea de llegada. Pero ese triunfo trajo aparejado otra carrera: la carrera por ejercer la medicina. Lo absorbí todo, desde libros hasta cuerpos mientras aprendía las artes curativas. Ver a los pacientes y atender sus heridas o tratar sus enfermedades me brindaba el gran orgullo de saber que estaba sirviendo al Señor a través de mi don de curación, y sabía que cuanto más utilizara ese don, más dones me devolvería el

Señor. Y ese don llegó, la mayoría de las veces, en forma de personas comprensivas y maravillosas que entraron en mi vida.

Mientras tanto, mi vida social era nula. En aquel momento no podía comprometerme con una novia ni con nadie. Por un lado, estaba increíblemente ocupado con mis estudios; y dado que la comida de la facultad de medicina era mediocre, no tenía más remedio que mejorarla.

Todos los años había un sistema por el cual se elegía a uno o tres estudiantes para dirigir la cafetería, y ellos eran responsables del menú, la adquisición de alimentos y las finanzas.

Sabía que podía hacer este trabajo, en parte por mi experiencia en el instituto organizando un evento y ofreciendo una buena comida a bajo costo. Me ofrecí como voluntario para el puesto, y tomé la responsabilidad de manejar la cafetería.

Entonces que me reuní con algunos pescaderos que conocía – también con agricultores – y negocié costos por los mejores alimentos que pude encontrar. Asimismo, contraté a los mejores cocineros disponibles, y pude hacerlo todo a bajo precio. La comida era tan fresca y sabrosa, que pronto me convertí en el chico de oro; y mi popularidad se disparó, junto con mi confianza social. También gané mucho dinero, porque gracias a mis contactos con los pescaderos y los vendedores de arroz y a mis hábiles negociaciones, pude mantener los precios bajos durante todo el año.

Estaba tan ocupado, que no me quedaba mucho tiempo al día; pero ganaba lo suficiente para ayudar a pagar mi alojamiento y comida. De hecho, había ganado tanto que pude comprarme una Java, que era una moto checoslovaca. Era la mejor moto que había visto en mi vida: elegante y ligera, pero rápida y hermosa. La publicidad la anunciaba como "la mejor amiga del hombre"; y al igual que mi radio de transistores, rápidamente se convirtió en mi nueva mejor amiga. La pinté de verde brillante para que – al verla – todo el mundo supiera que era *mi* moto, y la manejaba a todas partes. No había normas de tráfico; ni siquiera había semáforos. Las carreteras estaban llenas de autobuses, *rickshaws* (carros de culí), vacas, caballos y bicicletas que iban en todas direcciones, así que llegar a cualquier sitio era un quebradero de cabeza. Era una anarquía total. Pero sobre mi pequeña Java verde podía pasar cualquier obstáculo, ir a donde quisiera y, lo mejor de todo, ya no tenía que tomar el autobús o el tren de vuelta a casa. Podía subirme a la moto y conducir hasta allí. Fue el fin de mi timidez, pues me hice muy popular: todo el mundo quería dar una vuelta en mi moto. Solo tenía capacidad para dos personas, pero yo siempre llevaba a tres o cuatro. Me las arreglaba para apretujarlos e íbamos a todas partes en aquella moto, todos de pie.

Sin embargo, por muy ocupado que estuviera con mis estudios y mi vida social, me sentía un poco inquieto; quería irme de la India; no encajaba allí. Cuando daba un vistazo a mi entorno y veía a toda la gente con la que había estudiado, notaba que estaban atrapados en pequeños trabajos – y les iba bastante bien – pero nadie destacaba. Yo quería sobresalir. Y no podía hacerlo en la India. Quería ir a Inglaterra, donde podría estudiar medicina con mentes aún más brillantes.

Había otra idea que me impulsaba, una que dominaba todos los demás pensamientos: seguía queriendo saber qué tenían los británicos que les permitía dominar mi nación. Los superábamos en número y, sin embargo, nos habían conquistado. Por mucho que me fascinara Estados Unidos, la idea de que los británicos nos hubieran conquistado tomó el control de mis pensamientos. *¿Quiénes son esos británicos?* me preguntaba. No podía deshacerme de la sensación de que tenía que ir a Londres para comprender mejor a los británicos y descubrir el factor que los había convertido en un poderoso imperio a pesar de ser una nación relativamente pequeña.

Sabía que si iba a Inglaterra, dependería de mí encajar. Mi fascinación por los británicos incluía un profundo deseo de ser como ellos, de dejar de sentirme conquistado y dominado y sentirme, en cambio, empoderado. Si quería encajar con ellos, pensé, debía aprender la cultura británica. Yo ya sabía jugar al fútbol, pero todos los británicos ricos jugaban al tenis. Y entonces decidí que, a pesar de estar sumamente ocupado estudiando medicina y manejando la cafetería, aprendería también a jugar al tenis.

Encontré un club de tenis que no quedaba tan lejos, pero al cual tenía que ir en moto por la ciudad. Así que cuando terminaba mis estudios, tomaba mi raqueta de tenis, la sujetaba a un lado de mi moto y salía y entraba del tráfico como una especie de temerario enloquecido. El tráfico en la India, como ya he dicho, es absolutamente caótico y despojado de normas y semáforos: pasar por una intersección es una apuesta con la muerte, pero de algún modo siempre llegaba a las canchas de tenis y volvía sin un rasguño. Me convencí de que, si sobrevivía a aquellas carreteras, llegaría a ser un hombre muy viejo. Es más, cuanto más manejaba aquella moto, más me daba cuenta de que, una y otra vez, Dios me perdonaba la vida; lo que significaba que tenía un propósito que cumplir. Llegué a ver que Dios me había elegido para algo, ya fuera la curación u otra cosa, pero una cosa era cierta: Dios estaba de mi lado.

Dios también estaba del lado de mis amigos judíos, cada vez más perseguidos por un grupo de musulmanes e hindúes locales que querían expulsarlos. Hay grandes poblaciones de hindúes, musulmanes, cristianos, budistas, sijs y practicantes del jainismo y, en general, todos nos llevábamos muy bien y había mucha tolerancia religiosa en la India. Pero este grupo en particular era una excepción, y su persecución de los judíos no podía quedar sin respuesta.

Como parte de la minoría cristiana, sentía empatía por los judíos; y desde niño siempre había tenido amigos de todas las religiones. Y, desde luego, no tenía rencor u hostilidad para con los judíos. Al fin y al cabo, Jesús era judío, así que tratarlos mal era renegar de Jesús. Entonces cuando los musulmanes profirieron amenazas contra la sinagoga local, supe que tenía que hacer algo.

Ahora bien, es necesario comprender la historia de los judíos malabares de Kerala. También se los conoce como los judíos de Cochin, porque la mayoría de ellos vivían en la ciudad de Cochin, un activo centro de finanzas y comercio donde se habían establecido hacía siglos, tras huir de los ataques de los musulmanes que querían apoderarse del comercio de la pimienta. Así que, aunque convivíamos pacíficamente, existía una tensión subyacente entre los judíos y los musulmanes que era de larga data.

Los musulmanes llevaban en el sur de la India desde el siglo VII, y los judíos de Cochin estaban en el país desde la época del rey Salomón, habiendo llegado a la India mil años antes de Cristo. Eran el grupo de judíos más antiguo de toda la India. Aún rendían culto en las sinagogas que se construyeron en los siglos XIII y XVI, y una de ellas estaba amenazada.

Ahora bien, como te he contado previamente, con los años me había hecho muy amigo de los pescadores de mi comunidad. No solo mi madre me había enseñado el arte de regatear para conseguir el precio más bajo por el pescado más fresco – y yo mismo había comerciado con ellos regularmente mientras manejaba la cafetería –, sino que ahora, dado que yo era el enlace médico de la comunidad de pescadores, recaía en mí el conseguir asistencia sanitaria para los pescadores. En resumen: yo cuidaba de ellos y ellos cuidaban de mí.

Fue una suerte tener a los pescadores de mi lado, porque los hombres que surcan el océano en pequeñas embarcaciones para capturar peces de todos los tamaños no son hombres corrientes. Son duros, fuertes y tienen un código propio: si te cruzas con ellos, uno podría matarte a machetazos y arrojarte a las olas como cebo para la captura del día; al menos esa es la reputación que tienen estos rudos hombres.

Cuando me enteré de las amenazas contra la sinagoga, lo vi como una amenaza contra mis amigos y mi historia, y supe lo que Dios quería de mí. Entonces me reuní con los pescadores, que son todos cristianos, y les pregunté si podían proporcionar protección a la sinagoga. Sin vacilar, me garantizaron que los judíos no sufrirían daño alguno.

Fuimos juntos a la sinagoga y trazamos un mapa de la zona para evaluar cuántos hombres necesitaríamos. Una vez que nos familiarizamos con el área, nuestro plan quedó establecido. Durante las noches siguientes, cuando el sol empezaba a ponerse a eso de las ocho, los pescadores llegaban en masa y bloqueaban una zona de tres manzanas. El mensaje era claro: estas personas están protegidas, la sinagoga está protegida y cualquiera que ose hacerles daño tendrá que vérselas con los pescadores.

En menos de una semana, las amenazas llegaron a su fin. Sentí que había hecho el trabajo de Dios. Considerando la religión como el vehículo a través del cual cada uno de nosotros llega a Dios, sentí que había hecho mi parte para unirnos. Como cristiano devoto que soy, nunca he sentido que la religión de una persona la hiciera menos santa que cualquier otra. Lo comparo con hacer llamadas telefónicas utilizando un *smartphone*. Puede que el operador que tengas sea diferente al de otro, pero todos utilizamos nuestros dispositivos para intentar llegar a Dios. Todos, en nuestra fe, sabemos que nuestra conexión nunca se cortará. Para mí, el cristianismo es el vehículo, o conexión celular, que utilizo para llegar a Dios. Es la única fe que conozco, en la que nací y crecí. Pero, en última instancia, todos estamos juntos en esto, en nuestra fe colectiva en Dios. Así pues, con la ayuda de los pescadores, hice mi parte para recordarles a algunos que los judíos merecían – y se los dejaría – adorar a Dios en paz; al igual que cualquier cristiano o musulmán esperaría que se lo dejara rezar en paz.

Mis muchos e intensos años en la facultad de medicina me mantuvieron tan ocupado, que incluso ahora, medio siglo después, no puedo recordar con claridad mis estudios aunque sí percibo en mi ser la impronta que la naturaleza transformadora de ese periodo dejó en mí, haciendo la transición de adolescente a joven adulto y al mismo tiempo adquiriendo experiencia en los negocios y resolviendo disputas, igual que mi abuelo había hecho antes que yo. Sentí como si su espíritu hubiera entrado en mi alma y me guiara hacia mi futuro.

Tras licenciarme en medicina, trabajé durante los dos años siguientes en un hospital privado como médico adjunto. Me mantuve ocupado con mi trabajo y seguí ayudando a mi familia, pero mi inquietud era grande. Al llegar el fin de la residencia, el futuro que anhelé toda mi vida estaba allí frente mí. Había llegado el momento de dejar la India y empezar esa vida: en Londres, Inglaterra.

PARTE II

ENVIADOS DE DIOS

*"...Así que solo podemos rezar, si somos hindúes,
no para que un cristiano se
convierta en hindú, sino que nuestra oración más
íntima debe ser para que un hindú se convierta
en un mejor hindú, un musulmán en un mejor
musulmán y un cristiano
en un mejor cristiano."*

Mahatma Gandhi

⇒ CAPÍTULO 5 ⇐

Un amigo inesperado

No tenía ningún plan real. Mi familia no tenía dinero para enviarme a Londres, y yo tampoco; era una situación difícil. Estaba habituado a siempre tener un plan; constantemente encontraba la forma de resolver un problema. Pero esta vez estaba desorientado porque no conocía a nadie que pudiera ayudarme.

A estas alturas, mi tío Augustine era el patriarca de la familia y creía que debía casarme. Él y mis padres empezaron a buscarme una esposa, y aunque hicieron disposiciones para que conociera a un par de chicas con dotes considerables y una riqueza impresionante – jóvenes que procedían de familias propietarias de grandes fábricas y negocios –, no me pareció lo correcto. Del mismo modo que no iba a casarme con alguien por una dote, también sentía en lo más profundo de mi corazón que mi senda no estaba en la India. Tenía que seguir centrado en mis estudios de medicina y lanzar mi carrera antes de considerar el matrimonio. Pero mientras tanto, fui cortejando a varias mujeres que mi familia había elegido para convencerlos de que me casaría; solo discrepábamos sobre cuándo sería ese enlace.

Sin solución previsible, me dirigí a Dios; le recé para que me mostrara un camino; le imploré que me ayudara a llegar al Reino Unido, de algún modo, de alguna manera. Pero cuanto más lo pensaba y más rezaba y más me presionaba mi familia para que me casara, más desesperada me parecía mi situación. De todas formas, mantuve mi fe en Dios. Sabía que si la conservaba vida, un camino se manifestaría para mí.

Entonces un día salí a tomar algo con un conocido mío, un tipo simpático llamado Frederick, aunque nosotros lo llamábamos Freddy; no lo conocía mucho, pero lo suficiente como para sentarme con él y hablar un rato.

Estábamos charlando sobre la escuela o algo así, cuando Freddy dijo algo y me di cuenta de que yo no había estado prestando atención a lo que me decía. Fue entonces cuando me preguntó: "¿Qué te pasa, Lenny? ¿Por qué estás tan pensativo? En realidad no estás aquí. Tu mente está en otra parte".

Tenía razón. Mi mente estaba en otra parte, y decidí compartir mis preocupaciones con él. "Lo siento, Freddy. Tienes razón, mi mente está en otra parte. El problema es que tengo muchas ganas de ir al Reino Unido", le dije. "Quiero ejercer la medicina en Londres, pero no sé cómo hacerlo realidad. Estoy intentando encontrar la manera, y sé que la encontraré, pero solamente tengo que seguir meditando y conectando con mi alma y el universo para encontrar la forma."

El rostro de Freddy se iluminó. "Qué interesante", dijo. "Sabes, mi padre trabaja en Londres".

Levanté las cejas. "No lo sabía".

"Sí, trabaja para los ferrocarriles británicos. Es revisor de billetes y puedo llamarlo. Creo que te ayudará".

"¿De verdad? ¿Harías eso?" le pregunté. "¿De verdad crees que podría ayudarme?".

Freddy me aseguró que vería lo que podía hacer, y mis esperanzas se dispararon. No tenía ni idea de cómo podría ayudarme un revisor del ferrocarril, pero era la primera conexión que tenía con Londres y mi ánimo se fue por las nubes. Aquella noche y los días siguientes recé con más ahínco que nunca, suplicando al Señor que abriera el corazón de aquel revisor de Londres que ni siquiera conocía, para que pudiera ayudarme.

Unos días después apareció Freddy. "Tengo buenas noticias", dijo, y por la sonrisa en su cara supe que era cierto. Antes de que pudiera responder, dijo: "Mi padre dice que le gustaría patrocinarte cuando vayas a Londres".

Me quedé helado. Necesitaba un patrocinador para llegar allí, ¡pero este hombre ni siquiera me conocía!

"¿De verdad? Oh, Freddy, ¡es maravilloso! Tu padre es un hombre tan bueno", respondí. Pero entonces mi sonrisa se suavizó, pues mis problemas no estaban del todo resueltos. "Aún no estoy preparado para ir. Ni siquiera tengo dónde vivir. Primero tendré que encontrar algo".

"Eso no es problema", respondió. "Me ha dicho que puedes quedarte en su casa y que hará lo que haga falta para ayudarte a instalarte".

Me quedé, otra vez, helado. Esperaba que el Señor respondiera a mis plegarias, pero no tan fácil ni tan rápida ni tan maravillosamente. Apenas conocía a Freddy y, sin embargo, su padre me ofrecía un hogar y patrocinio en el Reino Unido. Estaba loco de contento.

Pero también tenía que ponerme en marcha. Me di cuenta de que no podía dejar pasar demasiado tiempo si quería aceptar la oferta, así que tenía que prepararme para la gran mudanza. Lo primero que tendría que hacer era comprar un billete, y eso me costaría unos 2.000 dólares, que era más dinero del que había visto en mi vida. Afortunadamente, sabía cómo reunir la mitad de esa cantidad: vender mi moto. Odiaba desprenderme de ella, pero no podía permitirme llevarla conmigo, así que no quedaba otra opción. En cuanto a la otra mitad, había llegado el momento de recurrir a Dios y a mi familia.

Tenía miedo de pedir el dinero a mis padres. No porque pensara que se enfadarían; todo lo contrario. Temía que tomaran riesgos innecesarios para encontrar el dinero. No podían vender su casa, pues ya se la habían legado a Gladis, pero yo no quería que tomaran un préstamo ni que vendieran nada de valor… pues era muy poco lo que tenían.

"No se preocupen", les dije a mis padres con total seguridad. "Voy a partir; tengo que hacerlo. Y encontraré el dinero de algún modo. Dios ha respondido a mis oraciones hasta ahora, y seguirá respondiendo a su tiempo y a su manera."

Mi madre sonrió. Desde que yo era pequeño ella había estado empeñada en que encontrara al Señor y adquiriera fuerza mediante la oración, y sus esfuerzos habían dado resultado. Y confiaba en que no solo ella rezaría también por mí, sino que Dios prestaría especial atención a sus oraciones, porque su devoción era casi santa.

No pasó mucho tiempo antes de que las plegarias de mi madre también fueran escuchadas. Aunque no le había hablado de mi dilema, mi tío Christopher se enteró y me hizo una visita.

"Te prestaré el dinero, Lenny", me dijo. "Pero debes devolvérmelo. Y confío en que lo harás, porque eres un hombre honorable". Su generosidad fue mi salvación. Le aseguré a mi tío que le devolvería cada rupia y algo más también; y una vez que vendiera mi moto, tendría el dinero que necesitaba para llegar a Londres. Sabía que la gran ciudad me vería aterrizar sin un centavo, pero lo importante era comprar el billete… y del resto me ocuparía una vez allí. Al menos estaría en Inglaterra y ya tenía un lugar donde alojarme. Tomaría el examen médico para poder ejercer en Inglaterra, y de algún modo… de alguna manera… sabía que sobreviviría.

Durante ese tiempo, me sentía impulsado y centrado en un único objetivo: llegar a Inglaterra y ejercer la medicina en el sistema británico. Estaba decidido no solo a ser médico allí, sino a ser un gran médico, alguien muy respetado. Para ello, tendría que trabajar duro, rezar mucho y confiar en el Señor para que me guiara hacia mi destino.

Estaba impaciente por subirme a ese avión. Como estaría sin un centavo, sabía que tendría que tomar los exámenes médicos para poder ejercer en el sistema británico lo antes posible. Pero había algo que me dejaba perplejo: ¡entender el acento británico! Hablaba inglés con fluidez y lo había hecho durante la mayor parte de mi vida, pero me lo habían enseñado los indios, y el inglés que hablaba y oía era casi siempre con acento... indio. Una vez que empezara a trabajar en Inglaterra, tendría que entender a los otros médicos y a las enfermeras, por no hablar de los pacientes; pero me esforzaba por comprender lo que decían.

Pero siempre había enfocado los problemas como algo que había que resolver, así que conseguí cintas y pasé las siguientes semanas escuchando y escuchando y escuchando todo el inglés británico que pude, hasta que empezó a sonarme natural. Al hacerlo, recuperé la confianza. Sabía que lo haría bien. Pero no estaba seguro de cómo me las arreglaría hasta entonces, ya que no tenía dinero.

Entonces, pocos días antes de que llegara el momento de partir, recibí un gran sobre de mi patrocinador, el Sr. Joseph, padre de Freddy, con quien había mantenido correspondencia. Dentro del sobre había instrucciones sobre dónde estaría el Sr. Joseph cuando yo llegara a Londres, con un mapa y una foto suya para que lo reconociera. Entre todos estos papeles había una cosa más: ¡cien libras esterlinas en efectivo para gastar en el viaje hasta allí!

Me quedé atónito y muy conmovido. Aquel hombre era un ángel. No lo digo en sentido figurado, pues había llegado a mi vida de forma tan milagrosa, y estaba siendo tan generoso y amable conmigo, un total desconocido, que no cabe otra explicación que el Sr. Joseph había sido enviado por Dios para guiarme en mi senda. Lloré de alegría ante la bondad de este nuevo amigo que estaba haciendo posible mi futuro.

Llegó el día de decir adiós a mi familia. Separarme de ellos, especialmente de mi madre y de mi padre, fue como el día en que vi a mi papá alejarse después de haberme dejado en el albergue de Trivandrum hace tantos años. Ya había pasado mucho tiempo de aquello. Había ganado y perdido mucho: educación, experiencia como empresario e incluso experiencia en la construcción, ayudando a mis padres a construir la casa de sus sueños. Pero había perdido mi inocencia, mi infancia y, sobre todo, a mi abuelo, una pérdida que me perseguiría toda la vida.

Me sentía como si yo mismo fuera ya un anciano marchito, cuando en realidad aún estaba empezando mi vida y mi carrera. ¡Cuánto extrañaría a mi familia! Recordaría con enorme nostalgia aquellos viajes al santuario de san Antonio con mi madre. Mi panza anhelaría sus maravillosas *doshas* y guisos de pescado. Y también extrañaría el amabilísimo rostro de mi madre.

Lloramos, nos abrazamos y nos dijimos adiós, pero todos sabíamos que esta separación no sería para siempre. Yo era un joven médico sin dinero, pero sin lugar a dudas sabía que me encaminaba hacia un futuro que cambiaría todas nuestras vidas.

Era mi primer vuelo. Igual que de niño había navegado por el mar Arábigo, con la cara pegada al cristal mientras contemplaba las infinitas aguas que me envolvían, ahora apoyaba la cara contra la ventana del avión y miraba los vastos cielos que me acunaban hacia mi destino como si Dios mismo pilotara el avión hacia el Paraíso.

Pero llegar a este cielo mío tomó dos escalas, y la comida era – en el mejor de los casos –, apetecible mas celestial. Pero no me importaba. Por fin estaba en camino.

Cuando aterricé en el aeropuerto de Heathrow, me sorprendió el frío. Nunca había sufrido tanto frío, y no llevaba ningún abrigo conmigo pues en la India no hacen falta. No tenía ni idea de cómo me las arreglaría para mantenerme caliente. Me abrí paso entre la multitud, siguiendo las instrucciones del Sr. Joseph. Me había dicho que me reuniera con él en la zona de recogida de equipajes, así que seguí las señales, todas en inglés, que podía leer fácilmente. Ya me sentía como en casa. Excepto, claro está, por el frío.

Entonces lo vi. Lo reconocí por su foto: era un hombre bastante bajo, con una gran barriga redonda que le sentaba bien a su cálida sonrisa. Inmediatamente me pareció una persona amable y simpática, cosa que, por supuesto, ya sabía por la amabilidad y generosidad que había tenido conmigo.

Llevaba una gran manta en la mano y, en cuanto me acerqué a él, me envolvió con ella.

"Toma", me dijo. "Pensé que la necesitarías para el frío".

No podía creer su consideración. Era como si me hubiera leído el pensamiento. Realmente era un ángel.

Tras unas agradables palabras de bienvenida, dijo: "¡Vamos, subamos al tren así partimos!". Agarró mi maleta y me acompañó al andén, explicándome que vivía en el este de Londres, donde viven los inmigrantes y la gente pobre.

"Ahora estamos en el oeste de Londres", me dijo, "donde vive la gente próspera. Ah, bueno, algún día, joven, tú también vivirás en el oeste de Londres. Pero por ahora, ¡tenemos que cruzar la ciudad!"

Era tan jovial y generoso con su corazón y su hogar, que me sentí como si ya fuera próspero por haber sido invitado a quedarme con él en su casa del este de Londres. Sin embargo, mi recuerdo del viaje en tren hasta allí es difuso porque solamente podía pensar en el asombroso hecho de que por fin estaba en Londres. ¡Realmente estaba ahí!

Llegamos a nuestra parada, bajamos y caminamos unas cuadras hasta que llegamos a un viejo edificio de ladrillo. Entramos y subimos los oscuros escalones hasta llegar a su apartamento, donde nos había explicado que vivía con otros cuatro hombres, cada uno con su propia habitación. Abrió su cuarto, que tenía una cama y horno eléctrico en el suelo.

"Tú dormirás aquí, en la cama", me dijo, "y yo dormiré en el piso".

"No, Sr. Joseph, no puedo", empecé a protestar, pero él me cortó en seco. "Insisto. Eres mi invitado, y mis invitados no duermen en el piso".

Asentí, sabiendo que no debía discutir. Me sentí enormemente agasajado y halagado.

"Hay un cuarto de baño abajo, y todos lo compartimos. Yo cocino y como aquí, pero hay una sala común por si quieres compañía, y puedes comer allí si quieres."

Me quedé mirando aquel lugar miserable y maravilloso. Su pobreza era tan grande, las comodidades tan escasas y, sin embargo, la generosidad de su espíritu era profunda. Me encontraba realmente en presencia de un espíritu semejante al de Cristo: alguien que tenía poco y, sin embargo, daba muchísimo, poniéndose en último lugar para que su huésped, un extraño, pudiera sentirse reconfortado.

Aquella noche preparó una olla de arroz sobre el horno eléctrico, y cuando estuvo listo, lo apartó y preparó un plato de pollo sencillo pero sabroso que comimos con el arroz en el suelo como si fuera un festín. Tenía tanta hambre y estaba tan conmovido, que lo devoré con fruición. Había comido antes, y he comido después, comidas espectaculares y copiosas, y sin embargo recuerdo pocas con tanta claridad como este sencillo plato de arroz y pollo que disfruté en el piso de una casa de vecindad de las Indias orientales con un trabajador ferroviario al que apenas conocía. Cuando me dormí en su cama aquella noche, di gracias a Dios por haberme enviado a este hombre tan amable, mientras roncaba suavemente en el suelo a mi lado.

≥ **CAPÍTULO 6** ≤

En compañía de la realeza

Al día siguiente, volví a la realidad. No tenía tiempo para admirar Londres ni para jugar a ser turista. De hecho, ni siquiera tenía tiempo para tener adaptarme al desfase horario. Me urgía averiguar dónde sería el examen de admisión para ejercer como médico en Inglaterra, ya que tenía que aprobarlo para encontrar trabajo.

Antes de marcharse a su trabajo en el ferrocarril, el Sr. Joseph me dio algunos consejos sobre dónde tomar el autobús y dónde ir a informarme sobre el examen, y luego me dejó solo. Me alivió saber que no esperaba que pasara mucho tiempo con él, pues tenía que centrarme en mis estudios y él lo entendía. No buscaba compañía, sino que quería ayudarme de verdad, que era exactamente lo que yo necesitaba.

Tras un día confuso pero emocionante de correr de aquí para allá, me enteré de que en dos semanas a partir de ese día había un examen en Edimburgo, Escocia. No habría uno en Inglaterra, ya que rotaban el examen entre Inglaterra, Escocia, Gales e Irlanda del Norte. "Bien", me dije, "empezaré a prepararme, y dentro de dos semanas iré a Escocia".

Por supuesto, no tenía ni idea de cómo llegaría a Escocia pues me resultaba imposible costearme el viaje, ya que las cien libras que me había dado el Sr. Joseph estaban desapareciendo más rápido de lo que había previsto, tras apenas gastar en llamadas telefónicas, el billete de autobús y un bocado de comida aquí y allá. Quedándome velozmente sin dinero, hice lo que siempre hago cuando me enfrento a un dilema así: recé.

Y como siempre, mis plegarias fueron escuchadas. "No hay problema", dijo Mr. Joseph durante la cena cuando le compartí lo que había descubierto aquel día. "Trabajo para British Rail. Te conseguiré un billete gratis en el *Flying Scotsman*[2]".

El *Flying Scotsman*, me explicó, era el tren más rápido de Londres a Edimburgo, que llegaba en solo cuatro horas. "¡Te encantará!", me aseguró. "¡Volarás, simplemente volarás hasta Escocia en ese tren!". Su alegría era tan grande como si él mismo fuera a viajar en aquel tren veloz. Me moría de ganas.

Pasé las dos semanas siguientes caminando por ahí, conociendo la ciudad. Entablaba conversación con toda la gente que encontraba para entender mejor el acento. Pero a veces era muy difícil captar, sobre todo cuando alguien hablaba con acento *cockney*[3]. Yo hablaba inglés con fluidez, pero aquel acento sonaba como si fuera otro idioma.

Pregunté sobre todo acerca de la salud y la medicina, para tener una mejor idea del sistema sanitario y de cómo entendía la gente las enfermedades y los trastornos. Pasar del sistema médico de la India al de Inglaterra fue un salto mucho más grande de lo que había imaginado; pero mi formación había sido en medicina occidental, así que no se trataba tanto de pensar en el cuerpo y la curación de forma diferente como de conocer el NHS, el Sistema Nacional de Salud.

En la India, la asistencia sanitaria está mucho más desorganizada y depende del lugar donde viva una persona, del tipo de acceso que tenga al agua potable y a los alimentos, y de cuánto dinero posea; mientras que en el Reino Unido todo el mundo tiene

---

[2] *El escocés volador.*
[3] Acento típico del este de Londres.

acceso a agua y alimentos seguros y derecho a ver a un médico de cabecera. Por supuesto, mucha gente con la que hablé se quejaba de sus médicos, pero la mayoría de las veces estaban encantados de explicarme las virtudes de su sistema sanitario y cómo funcionaba. Las conversaciones fueron como un curso intensivo de inglés y sobre el NHS.

Mientras tanto, no veía mucho al Sr. Joseph. Se iba a trabajar temprano todas las mañanas y trabajaba doce horas diarias. Teníamos una buena relación, pero dado nuestros horarios no nos cruzábamos a menudo, salvo para dormir por la noche. Pero me puse en contacto con algunas personas de raza blanca que conocía y que tenían tiendas y negocios, y eso me permitió pasar tiempo con ellos, practicar mi inglés y hablar con toda la gente que entraba y salía de sus tiendas.

Las dos semanas pasaron rápidamente, y llegó el momento de ir a Edimburgo. El Sr. Joseph tenía razón: el tren iba tan rápido que prácticamente volaba. Lo único que pude ver por la ventanilla fue una raya de colores campestres zumbando a mi lado.

El examen era difícil; y aunque sabía que estos se me daban bien, la mayoría de la gente tenía que tomarlos tres o cuatro veces, así que, mientras esperaba los resultados comencé a preocuparme un poco. No podía permitirme no aprobar, ya que no tenía dinero y necesitaba empezar a trabajar. Unos días más tarde, un lunes por la mañana, llegaron los resultados del examen.

¡Había aprobado! Estaba encantado. Había aprobado a la primera y podía empezar a trabajar inmediatamente como médico residente en Londres, la primera etapa de la carrera de un médico. Aunque ya había hecho la residencia en la India, para ejercer en Inglaterra tendría que hacer otra residencia. Sin embargo, dada la enorme diferencia tecnológica, me parecía bien, pues sabía que aún me quedaba mucho por aprender.

A medida que se aceleraba el camino de mi vida y me llegaba tanta buena fortuna, también me enfrentaba al lado oscuro de mi viaje. Como cristiano, había crecido como una minoría en la India, en una familia pobre a pesar del prestigio de mi abuelo. Fue él quien me había acostumbrado a un estatus elevado y a las comodidades de una vida más refinada, pero mis padres no tenían una buena posición económica y, con mi padre en Yemen durante tantos años, la pobreza con la que luchó mi madre había dejado su huella en mí. Tenía, simultáneamente, un miedo atroz a la pobreza y la sensación de que mi lugar en el mundo era entre los más prósperos. Sin embargo, como minoría en mi país de origen, siempre existía esa sensación acuciante de no encajar. Amaba y aceptaba a personas de todas las creencias y clases, pero no puedo negar que envidiaba a quienes pertenecías a familias más ricas; de hecho, esa envidia me ayudó a avanzar. Alimentó mi determinación de triunfar.

Sin embargo, una vez en Inglaterra, por mucho que me sintiera orgulloso de haber finalmente llegado a Londres y aprobado un examen médico tan difícil, no podía evitar tomar conciencia del hecho de que los inmigrantes eran de segunda categoría, y yo era inequívocamente uno de ellos.

Los inmigrantes no trabajaban en los mejores hospitales de Londres; ni siquiera trabajaban en el este de la ciudad. Los médicos extranjeros se veían obligados invariablemente a aceptar puestos en las afueras de la ciudad, en los suburbios lejanos y en pequeñas ciudades como Newcastle y Bedford, donde era improbable que los ricos tuvieran que ser tratados por un médico de piel oscura que hablaba con acento. Esa era la senda que se esperaba que yo siguiera; y esa era la senda que estaba decidido a no tomar. Quería trabajar en Londres. Había llegado hasta aquí; no iba a agachar simplemente la cabeza y dejar la ciudad.

Junté el valor de presentarme a todos y cada uno de los sitios que pudieran tener un puesto de residente disponible. Envié solicitudes a todos los hospitales de Londres, trabajando de sol a sol, asegurándome de no dejar ningún puesto respetable en el tintero. Era un juego de números, razoné, y si me rechazaba el 99% de los lugares a los que me postulaba, ello significaba que me aceptarían en el 1%, y solo necesitaba un trabajo… un buen trabajo. La suerte quiso que ese trabajo no tardara en presentarse.

Me ofrecieron un puesto de residente en un hospital de Londres para tratar la diabetes y la hipertensión. En aquel momento de mi carrera, no había decidido especializarme, y tratar enfermedades crónicas me pareció una buena introducción a la medicina occidental y al NHS. También trabajaría en urgencias cuando fuera necesario, que es uno de los puestos de mayor presión e intensidad de cualquier hospital. No podía estar más contento. Adquiriría mucha experiencia clínica, que era exactamente lo que buscaba. Por si fuera poco, el puesto incluía alojamiento: un bonito departamento de dos dormitorios.

Apenas llevaba tres semanas en Londres, y en ese corto lapso había aprobado los exámenes, encontrado una excelente residencia en la ciudad y un departamento. Me despedí del Sr. Joseph – quien seguramente se alegraba de recuperar su habitación –, que resultó ser una fuente única de generosidad y gentileza. Le aseguré que nunca olvidaría su amabilidad, y así fue. Fue mi amigo y mentor, y mantuvimos un contacto estrecho. Se quedaría en Londres unos años más antes de regresar a la India, pero me aseguré de devolverle su generosidad con creces.

El piso que me habían asignado era sencillo pero impresionante, en un barrio de lujo del *West End*[4], y a mis jóvenes ojos de aquel entonces le parecían la casa más lujosa en la que jamás había vivido. Tenía una bonita cocina con lavavajillas, lavadora y secadora, pero yo no tenía ni idea de cómo utilizar ninguna de esos artefactos. Nunca había cocinado para mí, y no tenía ni idea de cómo funcionaba el lavavajillas. En cuanto a la lavadora y la secadora, bien podrían haber sido cohetes espaciales, de tan desconcertantes

---

[4] Zona coqueta de Londres que queda al oeste de dicha ciudad.

que me resultaban. En cualquier caso, estaba demasiado ocupado para preocuparme de aprender a manejar esas máquinas. Había un servicio de lavandería que nos recogía la ropa una vez a la semana, así que lo único que tenía que hacer era dejarla delante de mi puerta. En cuanto a cocinar, tampoco tenía necesidad de aprender, ya que había un servicio de catering que repartía comidas y en mi manzana había al menos diez restaurantes. No me interesaba cocinar ni limpiar. Incluso tenían un servicio de mucama, así que jamás tuve que ocuparme de la limpieza. Estaba agradecido por esos servicios, ya que mi interés era curar a la gente y trabajar duro para tener éxito en mi carrera.

Mientras tanto, tenía que tomar otro examen. Este sería uno de los más duros de mi vida: el examen de conducir. Aunque sabía manejar, como he dicho, en la India no había normas de circulación; simplemente pisábamos el acelerador e íbamos. Pero en Inglaterra era otra historia. No solo tenían semáforos, sino todo tipo de normas sobre a cuántos metros tenías que estar de un cruce, del auto que iba adelante tuyo, de la vereda, cómo estacionar, cómo doblar, cómo señalizar. Era todo muy confuso. Pero, como en cada examen que tomé, estudié y, afortunadamente, aprobé; pero digamos que nadie me ofreció un gran vaso de leche por mi victoria. Simplemente me sentí aliviado por haber respondido correctamente a suficientes preguntas como para que me dieran el carné. El siguiente paso era comprarme un auto, pero tendría que ahorrar dinero para ello.

Las dos semanas siguientes transcurrieron en una tormenta de trabajo, que fue a la vez intenso, desafiante y maravilloso. Aprendí más en esas dos semanas de lo que probablemente había aprendido en mi carrera médica hasta la fecha. Entonces, un jueves, recibí mi primer sueldo: unas quinientas libras. ¡Nunca había visto tanto dinero en mi vida! Eso fue en 1975, y quinientas libras de entonces equivalían a unas 4.200 libras de hoy: ¡más de 5.000 dólares! Tenía el cheque en mis manos y no podía creer que estuviera leyendo dicha cifra correctamente, pero sabía que era real. Le dije a mi jefe, que era médico especialista, que necesitaba tomarme un receso de una hora; y dado que ya había estado trabajando muchas horas, no le importó.

Lloré todo el camino hasta el banco. Estaba literalmente llorando a lágrima viva. Me moría de ganas de enviar ese dinero a mis padres. El saber que podía cambiar la vida de mis padres con aquel cheque lo convirtió en uno de los días más felices de mi existencia.

Después de cobrar el cheque en el banco y quedarme con 150 libras, fui directamente al correo y envié el resto a mis padres. ¡Cómo me hubiese gustado ver sus caras cuando recibieran aquel dinero! Ese primer cheque marcó el comienzo de mi comprensión de que, si trabajaba lo suficiente, no habría límite para lo que podía ganar ni para la cantidad de gente a la que podía ayudar en mi vida.

Apenas acababa de comenzar mi trabajo como residente, pero en esas dos breves semanas vi que en el hospital había dos caminos para los médicos jóvenes como yo: uno era continuar como residente y convertirse en médico generalista o trabajar para el gobierno en una clínica o en algún otro ámbito; el otro implicaba cursar estudios de postgrado, tomar exámenes superiores y convertirse en especialista, como mi jefe. No había duda de qué senda iba a tomar. Haría mis estudios de posgrado en Inglaterra y me convertiría en especialista. Y aunque todos los especialistas eran hombres de más de cuarenta, no veía ninguna razón para esperar tanto. Ahora tenía un nuevo objetivo.

Mientras tanto yo seguía trabajando duro, y no tardé en tener dinero suficiente para comprar un viejo coche usado. No era gran cosa y no andaba muy bien, pero me llevaría por la ciudad; y eso era todo lo que necesitaba por el momento.

Así que allí estaba yo, en Inglaterra no más de seis semanas, y ya inquieto por ir aún más lejos. No podía contener mi imaginación, pero también sabía que la imaginación no basta. Tendría que convertir esa imaginación en acción.

Continué mi residencia, absorbiendo todos los conocimientos posibles. Me asombró la tecnología disponible en este hospital grande y moderno, muy superior a aquella con la cual había trabajado en la India. También me sorprendió lo que podían determinar los análisis de laboratorio: en la India, si enviábamos un análisis de sangre, recibíamos poca información. Pero aquí, al enviar una muestra de sangre, orina o tejido, se obtenía mucha información sobre el estado de salud del paciente.

Estaba asombrado por los avances médicos, y empecé a darme cuenta del papel que desempeñaron estos avances tecnológicos en la colonización de mi país a manos del imperio británico: aunque no fueron los avances sanitarios los que facilitaron la conquista de la India, estaba claro que disponían de capacidades tecnológicas en comercio, transporte, comunicaciones y ejército, que permitieron a una nación tan pequeña hacerse con el control de otra mucho más grande. Y yo quería estar del lado de esos avances.

Había algo más que me sorprendía de la capacidad de Inglaterra para gobernar a mi pueblo: tenían una marcada ventaja cultural. Son muchos en la India los que creen que cuando una persona nace, su destino está determinado por las estrellas, por lo que no tiene sentido intentar cambiarlo. Quienes adoptan esta creencia, a menudo se limitan a ir por la vida de forma automática en lugar de esforzarse por conseguir más.

En cambio, los británicos me parecen más reservados y decididos. La mayoría de los británicos educados siempre están trazando estrategias y planificando. Su naturaleza inquisitiva, sobre todo acerca de otras culturas, puede haber influido en su afán por aventurarse fuera de su patria para definir su propio destino. Por supuesto, no estoy descartando la muy real conquista de mi país y el deseo británico de apoderarse de sus recursos. La cultura india tiene una fe muy arraigada en el concepto del poder de la mente sobre la materia; aunque todavía no he visto a nadie construir un edificio asombroso solo con la mente. Se necesitan materiales, mano de obra, tecnología y dinero para construir cualquier cosa; e Inglaterra encontró tanto mano de obra como recursos en nuestra tierra.

Había muchos rasgos del colonialismo británico que me resultaban inquietantes. Pero lo que siempre me había intrigado era la psicología cultural de las respectivas naciones, la cual jugó un papel clave en esa conquista. Pero para mí, la ocupación colonial era personal. Quería vivir una vida que garantizara que nunca volvería a ser conquistado por nadie. Mi punto de vista refleja otro aspecto de la psicología cultural india que nos ha permitido construir los palacios más fastuosos y la civilización más fascinante. Tenemos capacidad para la grandeza, pues nuestras mentes son agudas y nuestra visión grande. Como bromearía Ross Perot, el multimillonario fundador de Electronic Data Systems y Perot Systems, quien una vez se presentó a las elecciones presidenciales: "Todo indio nace con un chip de ordenador en el cerebro, y solo hace falta un signo de dólar para activarlo".

Aunque quería valorar nuestra fe en Dios y los miles de años de cultura y misticismo sin dejar de ser un indio moderno, también quería ser alguien que planifica y crea estrategias y redes para hacer del mundo un lugar más próspero del que recibimos. Sabía que viviendo y ejerciendo en Inglaterra podría encarnar lo mejor de ambos mundos.

Con ese fin, mi exposición a la atención sanitaria moderna siguió creciendo. También fui adquiriendo experiencia en atención sanitaria crónica y traumas, al tiempo que construía mi red social. Estaba claro que, para tener éxito, necesitaría trabajar bajo la supervisión de alguien excepcional, alguien realmente bien conectado y famoso; esa sería la clave que me abriría las puertas, así que me di a conocer por todas partes. Me presentaba a todas las personas con las que entraba en contacto, e investigué quiénes eran los médicos más influyentes de la ciudad de Londres. Efectivamente, no tardé en conocer a un médico que estaba bien conectado con la familia real; de hecho, era un primo lejano de la realeza y un caballero. Se llamaba Sir Scott Gray, y resultó ser otra de las almas bondadosas que me guiaron hacia mi destino.

Sir Gray era un hombre petiso y de poco pelo, con un flequillo canoso y una cara redonda acentuada por la sonrisa más amable. Hablaba con un marcado y correcto acento británico que reflejaba su origen aristocrático. Sir Gray controlaba tres hospitales, quedó muy impresionado conmigo y accedió a supervisarme; entonces comencé a trabajar para él. Trabajábamos en rotación semestral, así que cada seis meses me trasladaban a otra unidad, lo que me permitió adquirir una amplia gama de conocimientos. El trabajo era duro, pero yo me brindaba completamente. Sir Gray era un mentor maravilloso y un médico excelente, pero solo venía los martes y los jueves para controlar las cosas. Estaba especializado en medicina interna y cardiología, lo que significaba que muchos de los pacientes estaban bastante enfermos. Yo me aseguraba de que viera a los más enfermos, y después de que los revisara y yo lo pusiera al día sobre los pacientes y el personal, daba el visto bueno a los pacientes y se volvía a ir. En consecuencia, me encontré prácticamente dirigiendo las cosas en su ausencia, supervisando a una plantilla de unos cuarenta médicos jóvenes, a pesar de que yo apenas había superado la residencia. Estaba tan impresionado con mi trabajo, que me nombró médico especialista residente, formalizando así mi papel de supervisor.

Mientras tanto, en mi tiempo libre, estudiaba para el siguiente examen: el que convertiría en miembro del Real Colegio de Médicos. Aprobar el examen MRCP cualifica a un médico como miembro del Real Colegio de Médicos, condición necesaria para especializarse. Más de la mitad de los médicos que toman el examen lo reprueban, pero eso jamás me había sucedido y no iba a empezar justamente con este. Entonces estudié mucho y aprobé; y luego me di cuenta de que podía hacer el mismo examen en Dublín y obtener un segundo MRCP, así que tomé allí el examen MRCP y volví a aprobar. Me gustó tanto Dublín que me trasladé allí, y tomé un breve trabajo en un hospital. Sin embargo, no pasó mucho tiempo antes de que Sir Gray me instara a volver; así que seis meses después, hice las maletas una vez más y regresé a Londres.

Dio la casualidad de que Sir Gray vivía en un bonito palacete con su mujer y sus hijos, y todos los domingos por la tarde me invitaba a jugar una partida de croquet en su precioso jardín. Después de jugar, cenábamos en su gran salón con un grupo – siempre cambiante – de ricos de raza blanca y bien conectados en la sociedad británica. Estos contactos sociales no solo me resultaron muy valiosos a medida que avanzaba en mi carrera, sino que, lo que es más importante, adquirí las habilidades sociales occidentales de la clase alta; y al mezclarme con estos aristócratas británicos, mi confianza se disparó. Ya no me sentía como un joven inmigrante pobre; estaba a gusto con algunos de los hombres y mujeres más ricos y nobles de toda Inglaterra, y ellos se sentían a gusto conmigo, el Dr. Peters. No tenía necesidad de admirarlos.

También me divertía muchísimo. Ganaba mucho dinero y seguía enviando dinero a mi familia con regularidad; pero no importaba cuánto enviara, siempre parecía que ganaba aún más. Estaba muy contento y orgulloso de mi éxito, y no tenía miedo de presumir de él. Había vivido la mayor parte de mi vida envidiando la ropa bonita, los coches lujosos y las cenas suntuosas que habían disfrutado mis compañeros de estudio indios, así que no perdí tiempo en comprarme ropa llamativa y cenar en los mejores restaurantes. En cuanto a mi viejo auto destartalado, se rompía más a menudo de lo que andaba, así que en cuanto hube ahorrado dinero me compré un deportivo inglés descapotable TR7, el Triumph apodado "el estilo del futuro". Costaba una fortuna, pero yo ganaba una fortuna; e iba más rápido que cualquier otro auto que jamás habría soñado tener. Me adapté a su potencia con naturalidad, ya que mi moto me había exigido desarrollar un verdadero sentido del equilibrio y el control. Sin embargo, en lugar de controlar una flacucha y pequeña moto Java, por fin estaba al mando de una máquina elegante y potente que volaba por las calles como un cohete terrestre.

Me estaba divirtiendo mucho. Salía con mujeres hermosas, las llevaba a los mejores restaurantes, compraba las cenas más caras, bebía los vinos y champanes más costosos, y disfrutaba como loco de cada minuto. Me sentía como un príncipe; y dado que aún no había cumplido los treinta, no tenía ninguna prisa por renunciar a una vida así.

Fue justo por aquel entonces cuando fui a una fiesta de cumpleaños en la que conocí a un joven llamado Hadi; él era mitad indio y mitad portugués, y como la familia de mi madre era de ascendencia portuguesa, sentí una afinidad inmediata con él. Como yo, Hadi tenía una verdadera vena emprendedora. A los catorce o quince años había empezado a comprar cosas en mercadillos de Lisboa para traerlas a Londres y venderlas por el doble. Hablando con Hadi, recordé el pequeño negocio de cafetería que yo regentaba a esa edad, y sentí una conexión inmediata con él.

Hadi no había recibido ninguna educación formal y tampoco sabía escribir bien, pero era la persona más lista que jamás había conocido. A medida que nos íbamos conociendo, me maravillaba su sentido de los negocios; y su espíritu era tan vivo que resultaba contagioso.

Muy pronto, Hadi y yo comenzamos a salir juntos con regularidad. Los miércoles por la noche, a menudo con otros amigos, tomábamos el barco para cruzar el Canal de la Mancha hasta el puerto francés de Calais. Desde allí viajábamos en tren a París, Berlín o cualquier otra ciudad que se nos antojara, y el domingo regresábamos exhaustos pero animados y listos para trabajar a la mañana siguiente.

No puedo imaginar cómo teníamos energía para llevar una vida así, pero éramos jóvenes y estábamos ávidos de aventuras. Aun así, ambos estábamos mucho más centrados en nuestras carreras que en tales aventuras. Como yo tenía unos ingresos estables y Hadi quería lanzar su propio negocio, lo ayudé con algo de dinero que invirtió en su propia tienda: un quiosco. Fue una sabia inversión por parte de ambos, pues ahora, años después, sigue siendo mi amigo íntimo y posee una cadena de quioscos, conduce un Rolls-Royce y viaja confortable y lujosamente por el mundo.

Todo esto quiere decir que, aunque no fui nada cuidadoso con mi dinero en aquellos primeros tiempos, elegí a mis amigos con esmero y aprendí que invertir en el futuro de los demás me trae más alegría que el mejor auto rápido o la ropa más elegante, ¡aunque también me gustan! Pero tal como sucede con todos los caprichos juveniles, no planeaba derrochar mi dinero de ese modo toda mi vida. Había saboreado la aventura, pero también tenía objetivos. Era hora de ponerme serio acerca del rumbo de mi vida.

Trabajé para Sir Gray durante los años siguientes, y aunque vivía a todo tren, nunca abandoné mis convicciones cristianas. Me había unido a una iglesia católica y, aunque no iba a misa con regularidad, rezaba al menos dos veces al día; y cada año sentía que mi conexión con Dios era más profunda. Había estado compartiendo mi dinero con los demás, y ahora estaba llegando a un punto de mi vida en el que quería compartir mi conexión con Dios con los demás. Pensé que si podía ayudar a una sola persona a acercarse a Dios, haría mucho más por ella que ayudándola solo con dinero. Ayudaría a sus almas, igual que mi propia alma había sido formada por las muchas personas generosas que aparecieron en mi vida, empezando por mi madre cuando me abrió el mundo de Dios mediante el santuario de san Antonio.

Ya llevaba unos años trabajando en Londres, y esta búsqueda espiritual empezó a roerme a medida que mi vida frenética y jovial se apaciguaba. Estaba madurando y buscaba algo más que puro entretenimiento. Había unido fuerzas con un grupo cristiano escocés, y me invitaron a unirme a ellos en una misión a África, que sonaba como el lugar más exótico y fascinante que podía imaginar entonces. Me tomé una excedencia del hospital y planeé pasar diez meses en una ciudad llamada Enugu, en Nigeria. En 1979, cuando llegué a Enugu, la ciudad – actualmente la capital del estado de Enugu y mucho más grande que entonces – era bastante primitiva, en comparación con Londres, a la que ya me había acostumbrado. En muchos aspectos me recordaba a Kerala, con sus edificios destartalados, sus techos de chapa ondulada oxidada y sus calles caóticas, pero sin el color y la vida de mi hogar en la India. El único color parecía proceder de la tierra, que era de un marrón rojizo, el color de la terracota; pero incluso este color quedaba opacado por el gris amarillento y polvoriento del cielo. Toda la ciudad estaba formada por edificios bajos muy juntos, el más alto de los cuales era el Hotel Presidencial, de siete pisos. Estos estaban rodeados por una corona de montañas bajas, dándole a toda la ciudad un aire de isla en ruinas en medio del vasto continente africano.

Aunque la ciudad me parecía desalentadora, mi propósito me impedía fijarme en mi entorno. Estaba allí para curar a la gente y, lo que es más importante, para ayudarlos a curarse a sí mismos. Estábamos promoviendo una campaña de salud pública centrada en enseñar a la gente a evitar la malaria durmiendo bajo mosquiteros tratadas con pesticidas, así como en enseñarles una higiene adecuada, y también para formar a enfermeras y farmacéuticos en el uso de antibióticos para reducir las infecciones.

Tenía todo tipo de ideas en la cabeza sobre lo fácil que sería. Iríamos allí, explicaríamos cómo evitar esas enfermedades e infecciones, enseñaríamos salud pública básica, y ellos estarían tan agradecidos que adoptarían todas nuestras sugerencias y proyectos de salud pública, volviéndose así más sanos. Y, con suerte, abrirían sus corazones a la palabra de Dios.

Bueno, digamos que no fue tan fácil. La mitad de las veces no aparecía nadie, y cuando lo hacían, generalmente solo querían que les diéramos dinero. Podían asentir y decir que utilizarían las redes y usarían el jabón y que hervirían el agua antes de beberla y ese tipo de cosas, pero luego se iban a casa y no hacían nada de eso.

Era increíblemente frustrante. En cuanto a abrir sus corazones a la palabra de Dios, la mayoría eran musulmanes, y no se nos permitía promover el cristianismo tanto como nos hubiera gustado. Intentamos rezar con ellos, pero fue inútil. Resignado a la inutilidad de nuestros esfuerzos, me centré sobre todo en practicar la medicina: revisé a traté a todos los pacientes que pude. Salvé muchas vidas y tuve una buena experiencia en muchos aspectos, pero nunca llegué a comprometerme plenamente allí; y al cabo de siete u ocho meses estaba dispuesto a dejar atrás Nigeria y regresar a Inglaterra.

Una vez de vuelta allí, volví a trabajar con Sir Gray; y poco después caí en una rutina que comenzó a inquietarme. Cada vez estaba menos comprometido con mi trabajo, y Sir Gray pareció darse cuenta. Un día me dijo: "Me siento muy mal, Lenny, pero la verdad es que no puedo hacerte avanzar más. Aquí ya has llegado a lo más alto, pero creo que deberías ir más lejos. Creo que deberías buscar otras opciones".

Sus palabras fueron un golpe, pero la idea no era nada que yo no hubiera estado considerando. Había llegado a lo más alto de la jerarquía directiva, y podía permanecer allí otros diez años o más; o podía utilizar esos diez años para destacarme y progresar aún más.

"Podría ponerte en contacto con algunos conocidos que tengo en Australia y Estados Unidos", sugirió, "y tengo grandes contactos en Oriente Medio. Se está abriendo un bonito hospital en Yeda, y quieren médicos formados en Gran Bretaña con el MRCP para poder tratar a la familia real de Arabia Saudita."

Por supuesto, dado el trabajo de mi padre en Yemen y el increíble año que pasé allí, sentía debilidad por Oriente Medio. Así que acepté intentarlo. "Bien, le echaré un vistazo", le dije. "Odio dejarte, pero tienes razón. Es hora de que me lance y alcanzar nuevas alturas".

Sir Gray se mostró complacido y, aunque sentí una ligera decepción ante la idea de abandonar Inglaterra y a él, sabía que lo que me esperaba era una aventura aun mayor.

Sir Gray fue fiel a su palabra y pronto dispuso un nombramiento para mí como médico jefe del nuevo hospital de Yeda. Me ofrecieron un sueldo astronómico: varios cientos de miles de dólares, libres de impuestos, y eso que estábamos en los años setenta. Hoy en día era como si te ofrecieran un millón de dólares al año. Jamás había imaginado ganar tanto. Pero no era nada inusual en Arabia Saudita, pues tenían mucho dinero y pagaban bien a todos sus médicos. Y Sir Gray tenía razón: era un gran hospital, con tecnología de punta, los médicos mejor formados, un espacio precioso… lo tenía todo. Todo, menos vida. No había vida social, ni bebida ni citas. No había gente joven con la que relacionarse, ni gente culta con la que hablar en ningún sitio. Y todo era desierto. Un TR7, el coche deportivo que tenía en Londres, era de lo más *cool* allí; un auto tan rápido, que corría en carreras del campeonato, pero no había lugar para conducirlo en el desierto, o más exactamente, no tenía sentido conducirlo. A pesar de la oportunidad que todo ello significaba para mi carrera, supe enseguida que no me conformaría con vivir allí.

Lo único que se podía hacer allí era trabajar; y aunque el dinero era increíble, para aquel entonces ya llevaba casi cinco años viviendo en Inglaterra y estaba acostumbrada a la vida británica. No podía imaginarme quedarme allí un año entero.

También había algo más. Una señal de alarma: no había iglesias, solo mezquitas. No habría podido rezar en público ni reunirme abiertamente con otros cristianos. Esa era la gota que rebalsó el vaso. No abandonaría mi fe. Dados estos factores, rechacé el trabajo.

No sabía qué hacer. Cuando compartí mis reticencias con Sir Gray, se mostró comprensivo y se puso en contacto con algunos de sus colegas en Australia, que me ofrecieron algunos puestos. Aunque todas eran ofertas impresionantes, Australia me parecía demasiado remota y no sabía qué hacer. Me hundí en tal desesperación que incluso pensé en volver a la India, donde podría establecer mi propio hospital. Entonces hice lo que hacen todos los jóvenes cuando no saben qué dirección tomar: llamé a mi padre.

"Lenny", me dijo, "creo que tienes muchas aptitudes. Si me preguntas a mí, me gustaría que volvieras a casa, pero probablemente no es eso lo que quieres hacer".

Estuve de acuerdo, pero ¿cuáles eran mis opciones? ¿Quedarme en Inglaterra haciendo lo mismo para llegar a ninguna parte? Y la verdad era que cada vez estaba más cansado de las noches salvajes y el estilo de vida frívolo, por mucho que me gustara. No quería dejarlo del todo, como tendría que hacer si me iba a Arabia Saudita, pero estaba a punto de cumplir los treinta y me encontraba en una encrucijada vital. No quería vivir en Arabia Saudita, pero por mucho que hubiera disfrutado de la vida de soltero en Inglaterra y de mi carrera en medicina, trabajando a las órdenes de Sir Gray, nunca me había sentido británico. Por mucho dinero que ganara, seguía siendo un inmigrante. Continuaba siendo el médico de piel oscura que sabía que ese no era su lugar. Claro que estaba al mismo nivel que los blancos ricos con los que socializaba, pero en el fondo me sentía diferente. Me había sentido diferente incluso en la India. No sabía qué hacer ni adónde ir.

Entonces mi padre me dio un consejo interesante. "Si comen serpiente, debes comerte el trozo del medio".

"¿Qué estás diciendo?". pregunté a mi padre, desconcertado. "¡Sabes que odio las serpientes!"

Mi padre se rio entre dientes. "Lo que te digo es que vayas donde fueres, no importa de la cultura que se trate, debes encajar en esa cultura. Debes estar preparado para hacer lo que ellos hacen. No te quedes fuera de la cultura. No seas extranjero toda tu vida. Entra en el sistema".

Mi padre era sabio. Me decía que si me servían serpiente, me la comiera con alegría. Cómete el trozo del medio: acéptalo.

Con el consejo de mi padre en la mano, seguí trabajando con Sir Gray. Compartí con él mi deseo de encontrar un puesto adecuado, uno que me llevara lejos mas sin despojarme de una vida más allá del trabajo, como lo habría hecho Arabia Saudita.

"De acuerdo, entonces", me dijo, bastante satisfecho, como si por fin estuviera seguro de su diagnóstico. "Echemos un vistazo a EE.UU.".

Estados Unidos. Sí, iría a América. Siempre había soñado con ir a aquella tierra mágica de oportunidades, el mundo de la revista *Life*, el *Reader's Digest* y la *Voz de América*. Pero primero había querido conocer al pueblo y el espíritu británicos. Ya una vez hecho eso, había llegado el momento de pasar a mi destino definitivo.

Ahora alguien me ofrecía esa oportunidad. Como un ángel que me guiaba hacia mi destino, Sir Gray había abierto una puerta a la tierra de mis sueños.

⊰ **CAPÍTULO 7** ⊱

Fracasos en pos del éxito

"¿Qué te parecería ayudar a Thomas Starzl a crear un nuevo programa de trasplantes en Estados Unidos?" me preguntó Sir Gray. La reputación del Dr. Thomas Starzl trascendía fronteras: era un cirujano asombroso que había realizado el primer trasplante de hígado humano en la Universidad de Colorado. Aunque los trasplantes de órganos aún estaban en pañales en 1981, el Dr. Starzl desempeñó un papel destacado en nuestra comprensión del rechazo de órganos, y yo era consciente de que el programa de trasplantes de hígado que desarrolló en la Universidad de Colorado era el más avanzado del mundo. "Va a dejar Colorado para tomar su programa en la Universidad de Pittsburgh", me dijo Sir Gray, explicándome que la facultad de medicina de allí ofrecía aún más recursos y oportunidades. Pero ¿qué sabía yo de trasplantes de órganos? Ni siquiera había hecho una operación en mi vida. La sugerencia era halagadora, pero no estaba seguro de que encajaría bien.

"De acuerdo", dije, sin querer rechazar otra oportunidad, pues Sir Gray ya había hecho mucho por ayudarme. "Es una buena idea, pero no puedo ir directamente al programa de trasplante de hígado. Nunca he hecho cirugías antes".

"Eso no será un problema", me aseguró Sir Gray. "Los trasplantes de órganos implican mucho más que cirugía. Es un proceso complejo que requiere trabajo en equipo, y el programa que está creando implicará un amplio sistema de recursos y especialidades médicas."

Esa información cambió notablemente las posibilidades que tenía ante mí. Formar parte de un equipo médico revolucionario sería una oportunidad increíble, siempre y cuando mis aptitudes encajaran. Tras pensarlo un poco, me di cuenta de que, caso contrario, crearía mi propio lugar en este nuevo programa. Miré a Sir Gray y sonreí. "Entonces me apunto".

Y con eso, Sir Gray escribió a la Universidad de Pittsburgh; en poco tiempo, me aceptaron para incorporarme al programa del Hospital Montefiore de la universidad, en cuanto aprobara los exámenes que me habilitaban para ejercer en Estados Unidos.

Mientras estudiaba para la reválida y me preparaba para trasladarme a Pittsburgh, seguí trabajando para Sir Gray; asimismo, empecé a ir más a menudo a la iglesia y a participar en diversas actividades eclesiásticas. Aunque mi trabajo me mantenía tan ocupad que no podía asistir a los servicios con regularidad, continué con mi devoción a Dios rezando dos veces al día.

También seguí viendo a Hadi con regularidad. Habíamos dejado atrás nuestros días de viaje, y ambos estábamos centrados en nuestro trabajo; y paulatinamente yo comenzaba a sentir los primeros impulsos del deseo de una vida más estable.

Desde que llegué a Londres, había visto y salido con algunas mujeres hermosas de muchos países europeos; incluso algunas eran bastante ricas por derecho propio; pero tenía la remota sensación de que quería casarme con una chica india, porque sabía que eso haría felices a mis padres. Había crecido con la esperanza de que mis padres arreglaran mi matrimonio por mí, pero a medida que mi vida tomaba un rumbo propio se hizo evidente que lo mismo les sucedería a mis planes de matrimonio. Si mis padres no podían elegirme una novia, yo quería al menos honrarles casándome con una mujer india que compartiera mi cultura y mi idioma, lo cual implicaba volver a la India.

Fue durante este periodo de reflexión sobre mi futuro – y a la espera de mi traslado a Pittsburgh – que un primo lejano de mi madre me buscó y se puso en contacto conmigo en Londres. Era un pariente muy lejano: el primo de un primo de un primo o algo por el estilo, pero sabía de mí a través de las conexiones sociales. y procedía de la misma región de Kerala, así que teníamos raíces comunes.

Mientras hablábamos, parecía estar encantado e impresionado por mí. Me presentó a una familia india que había emigrado de Zambia. Así fue como conocí a Etna.

Etna era una joven india que había obtenido su licenciatura en la Universidad de Londres, y que entonces estaba terminando un máster en diseño arquitectónico en la Universidad de California, Berkeley, en Estados Unidos. Me pareció una mujer atractiva y excepcionalmente brillante. Era bastante simpática, con una personalidad burbujeante que me atrajo de inmediato. Salimos un par de veces, y ambos sabíamos que el objetivo – y la expectativa – de tales citas era ver si podíamos ser compañeros adecuados para el matrimonio.

Unos meses después, tras regresar a Estados Unidos, Etna se puso en contacto conmigo y me invitó a visitarla en San Francisco. Nunca había estado en Estados Unidos, que había sido mi sueño desde que leía *Life* y *Reader's Digest* y escuchaba *Voice of America*, así que aproveché la oportunidad. Dio la casualidad de que estaba entre mis rotaciones semestrales en el hospital, así que el momento no podía haber sido mejor. Volé a California, donde la riqueza y sofisticación del país me impresionaron fuertemente, pero también lo amable que era todo el mundo. Fue una época maravillosa, y uno de los únicos momentos de mi vida en que no trabajé. Entonces supe que la vida en Estados Unidos era tal como la había imaginado, y quise convertirlo en mi hogar. También supe que había llegado el momento de sentar la cabeza y casarme. Cuando regresé a Inglaterra, Etna y yo estábamos comprometidos.

Según la costumbre india, la familia de la novia habría pagado la boda, además de proporcionarme una dote considerable que reflejaba mi propio estatus. De hecho, así sucedió con mi hermana Gladis cuando se casó, y mis padres tuvieron que renunciar no solo a una considerable suma económica sino a su propia casa. Pero sabía que la madre de Etna, viuda, tenía poco dinero para aportar, y además yo no necesitaba dote.

Yo simplemente estaba contento de casarme con una joven atractiva, que venía del sur de la India y que era católica como yo. En consecuencia, no pedí ninguna dote y pagué la boda más sofisticada que pudiera imaginarse. Ministros de alto rango, incluso el ministro jefe – el gobernador del estado de Kerala – asistieron al evento, que fue la boda más ostentosa de la ciudad. No reparamos en gastos: llenamos la iglesia y la sala de recepciones de flores tropicales y decoración festiva, y a nuestros invitados les ofrecimos la comida más deliciosa que entre otras cosas incluía, por supuesto… ¡el pescado más fresco! Fue un acontecimiento espectacular, y ambas familias quedaron encantadas con nuestra unión.

Sin embargo, cuando llegamos al Taj Mahal para nuestra luna de miel, supe que había cometido un error. Lo que pretendía ser un comienzo romántico de nuestro matrimonio iluminó, en cambio, las diferencias en nuestros caracteres que resultarían insalvables. Ambos nos dimos cuenta de que éramos incompatibles de espíritu, pero nos habíamos casado, así que nos dispusimos a hacer una vida juntos.

Volvimos a Londres, donde Etna había aceptado vivir hasta que yo aprobara la reválida médica para ejercer en Estados Unidos y pudiera empezar mi residencia en Pittsburgh. Ella había tomado una prórroga de sus estudios de posgrado y, aunque conocía bien Londres porque había vivido allí – su madre continuaba siendo una londinense entonces –, una vez que nos instalamos decidió volver a Estados Unidos para continuar sus estudios de posgrado. Le sugerí que esperara a que yo empezara a trabajar; pero, deseosa de terminar su licenciatura, regresó a San Francisco mientras yo permanecía en Londres y continuaba mi trabajo.

Justo por esas fechas fui a Bristol a pasar el fin de semana en la playa. Cuando volvía a casa en mi TR7 con la capota bajada, a lo lejos vi a través de la niebla un par de luces rojas. Aunque pensé que había tiempo de sobra para frenar, me equivoqué. Choqué contra un coche – y tres autos más delante – que estaban esperando en un semáforo. Los cuatro vehículos sufrieron daños importantes, y el mío quedó destrozado. Y lo que es peor, varias personas tuvieron que ser hospitalizadas, pero yo salí de allí sin un rasguño. Dios me había salvado una vez más. Y nuevamente supe que Dios me había perdonado la vida por una razón. Dios había planeado algo para mí, y presentía que pronto lo sabría.

Poco después, la compañía de seguros me compró un TR7 nuevo y volví a la carretera.

PARTE III

UNA SERIE
DE PRIMERAS VECES

"Da el primer paso con fe. No tienes que ver toda la escalera, sólo da el primer paso".

Reverendo Martin Luther King Jr.

CAPÍTULO 8

El matrimonio, el divorcio
y el sueño americano

Me mudé a Pittsburgh en noviembre de 1981, y digamos que no se parecía en nada a Londres. Hacía un frío glacial; había colinas en las afueras de la ciudad, la cual estaba dominada por la industria. Pero aparte de la impresión inicial, que no consiguió impactarme, me entusiasmaba la idea de vivir allí. Pasaría la mayor parte del tiempo en el hospital universitario, así que no me preocupaba el resto de la ciudad: afortunadamente era mucho mejor que vivir en Arabia Saudita. ¡Al menos había vida social!

Las dos primeras semanas fueron difíciles porque tenía que hacer muchos trámites y lidiar con papeleo y conseguir que me aprobaran el carné antes de poder empezar a trabajar. Era un dolor de cabeza tras otro, y sin auto y con una temperatura gélida como nunca había experimentado, esas dos semanas fueron agotadoras. Pero sabía que era temporal, así que cada día afronté las calles nevadas y resolví mis asuntos. Mientras tanto el YMCA era mi hogar temporal: de comodidades rudimentarias, pero cuya proximidad al centro de la ciudad – donde necesitaba hacer la mayor parte de mis trámites – hacía que la situación fuera tolerable.

Una vez que lo tuve todo arreglado y me autorizaron a trabajar, el hospital me dio un modesto departamento de una habitación. No tenía nada de las comodidades de mi hogar londinense – sin servicio de lavandería o de comidas, sin ama de llaves que lo mantuviera limpio –, pero estaba conectado por un túnel con el hospital, lo que me vino muy bien.

En cuanto al hospital en sí, en muchos aspectos superaba con creces las instalaciones en Inglaterra. Las capacidades diagnósticas e informáticas eran asombrosas, y los centros de investigación eran enormes. No me llevó mucho tiempo darme cuenta de que el énfasis en la investigación se hacía a costa de la atención clínica. La interacción con los pacientes era limitada, y los médicos pasaban más tiempo analizando resultados de laboratorio, consultándose unos a otros o investigando, que tratando realmente a los pacientes, lo cual se dejaba en gran parte en manos de las enfermeras.

Afortunadamente, mi experiencia en atención clínica me dio una cierta ventaja sobre los demás residentes. En una ocasión, estábamos todos discutiendo el caso de un paciente que había ingresado por dolor abdominal y diarrea, y cada residente evaluó el historial médico y dio su opinión: que sea haga este análisis o aquel, porque es síndrome del intestino irritable, o enfermedad de Crohn, o estrés. Entonces llegó mi turno.

"Que le hagan un enema opaco", ordené, "porque creo que este paciente tiene cáncer de colon".

"¿Y cómo lo sabes?", preguntó el médico jefe, cuya voz transmitía duda ante aquel advenedizo extranjero tan seguro de sí mismo.

"Porque me reuní con el paciente y le palpé el abdomen. Pude palpar el tumor".

Más allá de la atención que habían puesto en examinar los resultados de las pruebas y las notas médicas, a nadie se le había ocurrido reunirse con el paciente, y mucho menos tocarle el abdomen. Y efectivamente, resultó que tenía cáncer de colon. Este tipo de experiencias se convirtieron en habituales cuando me centré más en la atención clínica y la curación que la mayoría de mis colegas, que se sentían demasiado ocupados e importantes para escuchar a sus pacientes.

Mientras tanto, tras terminar sus estudios de posgrado, Etna se trasladó a Pittsburgh para reunirse conmigo, aunque casi de inmediato pareció arrepentirse de su decisión. Odiaba absolutamente el departamento, odiaba Pittsburgh y, dado que estaba sin trabajo, tenía mucho tiempo ocioso.

Estaba claro que nuestro matrimonio había empezado mal, pero a esas alturas yo ya había aceptado que nos habíamos casado precipitadamente solo para complacer a nuestras familias y que, en última instancia, no estábamos hechos el uno para el otro. Me di cuenta de que había tomado una mala decisión, al igual que ella, y me correspondería a mí aprender de esa decisión. Mientras tanto, tenía la intención de seguir centrándome en mi trabajo y en el rumbo de mi vida.

Al dejar Inglaterra y venir a Estados Unidos, sabía que tendría que volver a hacer la residencia, como se exige para ejercer en este país. Pero tras revisar mi historial profesional, se decidió que en lugar de hacer la residencia normal de tres años, la mía podría reducirse a un año y medio. Por desgracia, Etna manifestó que no le gustaba la perspectiva de vivir en Pittsburgh ni siquiera dieciocho días, y mucho menos dieciocho meses. No podía hacer ni decir nada para cambiar su perspectiva.

Habían liberado un puesto exclusivamente para mí. Había firmado un contrato. Abandonar mi puesto en una fase tan temprana habría sido un perjuicio para mi carrera y para todo aquello por lo que había estado trabajando, así como una bofetada en la cara a aquellos que, como Sir Gray, me habían abierto las puertas. Estaba decidido a quedarme.

Al cabo de dos o tres meses en Pittsburgh, encontré a Etna en el dormitorio, recogiendo sus cosas. No habíamos discutido; sencillamente, había terminado con su vida en Pittsburgh y, al parecer, con nuestro matrimonio.

Durante un mes no supe de su paradero, e imaginé que se había ido a Detroit para estar con su hermana, que vivía allí. Una noche me llamó inesperadamente para decirme que había vuelto a California y que estaba embarazada. Decidió tener a nuestro bebé en San Francisco, lo que me dejó sin opciones de participar significativamente en la crianza de nuestro hijo.

Mientras Etna y yo nos divorciábamos, tomando rumbos distintos, mi trabajo en la universidad me mantenía estimulado, pues había mucho que aprender. De a poco me iba abriendo camino en el programa de residencia, aprendiendo todo lo que podía sobre las enfermedades hepáticas. Y como muchas de las personas que acudían a nosotros también tenían otros problemas de salud crónicos, como diabetes u obesidad – los cuales afectan al funcionamiento del hígado –, y dado que yo tenía cierta experiencia trabajando con esas enfermedades crónicas, me mantenía ocupado tratando a esos pacientes.

Aunque estaba encantado con el hecho de que mi residencia duraría la mitad de tiempo, pronto me di cuenta de que todos los demás residentes con los que trabajaba habían salido directamente de la facultad de medicina. Desde el principio me sentí mucho más experimentado que mis colegas, y mi trabajo lo demostraba. A medida que mi reputación crecía, parecía expandirse exponencialmente, y pronto me di cuenta de que a veces me admiraban... incluso sin quererlo.

Dio la casualidad de que el departamento que me habían asignado estaba en un edificio tan viejo, que a menudo se apagaba la calefacción. En Pittsburgh, los inviernos te hielan hasta los huesos, y un apartamento sin calefacción es algo más que incómodo: es casi mortal. No quería quejarme y me parecía inútil hacerlo, así que las noches que no teníamos calefacción, me dirigía al hospital y buscaba una cama libre. Si no encontraba cama, acampaba en Urgencias. En cualquier caso, me despertaba al amanecer, cuando los carritos de la comida empezaban a repiquetear por los pasillos, y me dirigía a la cafetería con la ropa desarreglada y la cara sin afeitar. No tardaron en extenderse los rumores de que trabajaba tanto que ni siquiera salía del hospital. Decidí dejar que esos rumores circularan, ya que la verdad – que no tenía calefacción en mi departamento – ¡sonaba menos impresionante!

En cualquier caso, cuando llevaba allí seis meses me seleccionaron – entre los casi cien residentes de la universidad – para ser jefe de residentes al año siguiente. Fue un gran honor, y creo que en los 134 años de historia de la universidad, yo era el primer licenciado extranjero que elegían para el honroso cargo.

Sentía curiosidad por saber por qué me habían elegido para tan distinguido honor. Al poco tiempo, mi curiosidad ardía y necesitaba saberlo, así que concerté una cita con el jefe del departamento que había hecho la selección. Era un médico de Harvard de renombre mundial, un hombre bajo, astuto y con un historial impecable. Me senté ante él a solas y le pregunté.

"Señor, me gustaría saber por qué me ha elegido para este codiciado puesto", le dije.

"Dr. Peters", dijo. "Te diré la verdad. Las puertas están cerradas así que nadie nos oirá, y no puedes contárselo a nadie".

Acepté.

"El primer mes que estuviste aquí", continuó, "te dimos una taza de mierda. Te la bebiste tan rápido que al mes siguiente te dimos un tazón lleno. Te lo acabaste en un santiamén. Entonces te dimos una cubeta. También lo disfrutaste".

Me dijo que había consumido todo lo que el hospital me había echado encima sin rechistar ni vacilar, y que había resuelto cada problema que se me presentó.

"Por eso eres jefe de residentes", me dijo, sonriendo.

Por desgracia, el conocimiento y la experiencia suelen inspirar resentimientos. Dado que yo escribía las órdenes médicas con un estilo distinto al que estaban acostumbradas las enfermeras, algunas de ellas – que eran bastante jóvenes – se enfadaron. Querían que me adaptara a su forma de hacer las cosas, en vez de hacerlas de otra manera. Así que empezaron a hablar entre ellas y decidieron que su responsable de enfermería hablara conmigo.

Un día, la jefa de enfermería – Janice, una mujer rubia, joven y bella, de ojos azules brillantes y muy perspicaz, empezó a controlarme, a preguntarme cómo hacía las cosas y por qué; yo se lo explicaba todo pacientemente.

De hecho, pasaba tanto tiempo conmigo que un día la invité a cenar; aceptó. Realmente lo pasamos genial. Durante la cena me contó que se había criado en la cercana Erie, Pensilvania, y que consideraba Pittsburgh su hogar. También procedía de una buena familia católica polaco-americana. Su abuelo había fundado una empresa de suministros comerciales, que su padre había dirigido hasta su jubilación, tras lo cual sus hermanos empezaron a gestionarla. Me impresionaron estos antecedentes empresariales y el compromiso generacional con el negocio familiar.

Al poco tiempo, Janice y yo comenzamos a salir con regularidad y nos llevábamos bastante bien. Aun así, yo no tenía prisa por comprometerme. Pero no pasó mucho tiempo antes de que empezara a sentir la sensación de estar con alguien con quien conectaba bien, y esa sensación era maravillosa. Le hablé a Janice de mi anterior matrimonio, del divorcio y el bebé que venía en camino, pero eso no la asustó.

Poco después, Etna dio a luz a una preciosa niña a la que llamó Shirin; pero estaba claro que yo no desempeñaría ningún papel en su vida. Consideré atentamente la posibilidad de no ver nunca a aquel precioso bebé, mas le recé a Dios pidiéndole una oportunidad para conocerla algún día y que la protegiera siempre. Para aquel entonces sabía que Etna tenía un buen corazón y que era una buena persona, pero no obstante seguiríamos separados. Aún confiando en el universo, felicité a Etna por haber dado vida a una niña tan dulce; y yo continuaba focalizándome en mi trabajo.

Mientras los nuevos residentes trabajaban duro hasta medianoche, mis años de experiencia me servían de mucho. Terminaba mis rondas mucho más deprisa, acabando mi trabajo a última hora de la tarde. Al cabo de un tiempo, comencé a aburrirme soberanamente al salir de mi ámbito laboral. Necesitaba algo que hacer. Y necesitaba un coche.

Extrañaba a mi TR7, y desde que había llegado a Estados Unidos había estado caminando o tomando taxis. Pero aún no me había recuperado de los costos de la mudanza a otro país – así como de la boda y el divorcio –, por lo que mis finanzas eran bajas a pesar de mis elevados ingresos. Tendría que conseguir un préstamo para comprar un auto modesto hasta que pudiera ahorrar más dinero.

Enfrente del hospital había una sucursal del Mellon Bank, así que fui allí y pregunté por un préstamo para comprar el auto en cuestión. Después de completar los papeles de la solicitud del préstamo, me reuní con el agente, un hombre joven y amable de Nebraska que parecía entusiasmado por ayudarme. Pero su entusiasmo se convirtió en pesar cuando examinó mi solicitud.

"Lo siento, Sr. Peters, pero no puedo concederle un préstamo". Me quedé atónito. ¿Cómo podía ser yo un riesgo?

"¿Qué está diciendo?". le pregunté, incrédulo. "Soy médico. Tengo unos buenos ingresos".

"Lo sé", dijo negando con la cabeza, "pero no tiene crédito".

"¿Crédito? ¿Qué es eso del crédito?". le pregunté. Nunca había oído hablar de crédito.

Me explicó todo acerca del crédito y de las calificaciones crediticias; luego me fui, frustrado pero no derrotado. Volví en varias ocasiones… y cada vez recibía la misma respuesta. Al final me dijo: "Dr. Peters, me cae bien. Le diré una cosa. Voy a impartir un curso nocturno sobre planificación financiera en el colegio comunitario. ¿Por qué no se apuntas? Aprenderá todo sobre crédito y finanzas, y le ayudará a gestionar sus ingresos".

La idea me pareció buena y acepté.

"Mientras tanto", me dijo, "¿por qué no solicita una tarjeta de crédito? Así establecerá su crédito y luego podrás solicitar un préstamo".

Por fin estaba yendo a buen puerto. Tarjeta de crédito en mano, empecé a cargar mis comidas y compras en restaurantes y pagué el saldo puntualmente cada mes. Una vez que mi tarjeta de crédito había establecido el historial crediticio que necesitaba, pude conseguir el préstamo de 3.000 dólares; cifra que no me permitió apuntar alto, y todo lo que pude comprarme fue un auto viejo y destartalado que pasaba más tiempo en el taller que en la calle, pero al menos tenía transporte. Y cuando mi divorcio fue oficial, mi relación con Janice se volvió más seria. Ella me introdujo a la comida polaca, por lo que comíamos muchos *pirogi*, sopa y col; asimismo, yo la introduje a la comida india del sur, lo que implicaba comer muchos alimentos picantes. Y lo que es más importante, ambos compartíamos un compromiso espiritual. Aunque ella y yo habíamos nacido y crecido como católicos, conocimos a un sacerdote presbiteriano que nos pareció muy interesante, y poco después comenzamos a ir a su iglesia.

Conocí a su familia y, aunque su madre había fallecido, su padre – que se había vuelto a casar – y yo nos llevábamos bastante bien. Cuando le pedí que se casara conmigo, él no solo me dio su bendición, sino que pagó una boda por todo lo alto en su iglesia católica de Erie. La boda fue alegre, pues no me casaba para complacer a mi familia: sino porque estaba seguro de que había encontrado una pareja que era adecuada para mí.

Compartíamos el amor por la medicina. Cada uno tenía su propia y ajetreada carrera, y ella estaba tan entusiasmada como yo con la idea de invertir en el sector inmobiliario. Como cada uno tenía su propio departamento, decidimos que nuestra primera inversión sería nuestra casa. Así que, una vez casados, pudimos comprar una casita de dos dormitorios en Squirrel Hill, un barrio ecléctico, mayoritariamente judío, con muchas tiendas pequeñas, librerías y cosas por el estilo. Éramos felices y estábamos listos para formar una familia.

También empecé a asistir a las clases de planificación financiera que aquel empleado bancario me había sugerido; sentado en el fondo del aula, yo era el estudiante más viejo. Presté atención a cada palabra y aprendí más de lo que jamás había imaginado que necesitaría saber sobre créditos y financiación. También pasaba largo rato hablando con el instructor después de clase, haciéndole muchas preguntas e impresionándole con todo lo que iba agarrando de sus clases. Sin embargo, hacia la mitad del semestre sufrió un ataque de vesícula biliar y no pudo seguir impartiendo la clase; me pidió que fuera su reemplazo.

"Pero no puedo dar una clase de planificación financiera. ¡Soy apenas un estudiante!" protesté.

"Solamente necesitas ir una lección por delante de la clase", me aseguró, "y te irá bien".

Así fue como me encontré dando clases de planificación financiera mientras trabajaba como residente durante el día. Al impartir las lecciones, descubrí que estaba aprendiendo incluso más de lo que había aprendido como estudiante. Y cuanto más aprendía, más me daba cuenta de que podía utilizar mi dinero para ganar más dinero. Aun así, a pesar de los ingresos que tenía mis ahorros eran limitados, por lo que cualquier inversión que hiciera también lo sería.

Uno de los libros que encontré mientras estudiaba sobre el tema de inversiones era de un hombre llamado Robert G. Allen. El libro, *Nothing Down: How to Buy Real Estate with Little or No Money Down*, ya era un éxito de ventas, y su concepto me fascinó. Allen sugería que se podían comprar inmuebles directamente a un vendedor motivado que fuera propietario absoluto del inmueble y estuviera dispuesto a financiarlo él mismo para tener un flujo de ingresos fiable.

Una de las formas de encontrar una propiedad así, decía, era conducir por la ciudad y buscar carteles de "Propietario vende".

¿Por qué no? pensé. *Quizá valga la pena intentarlo.* Al parecer, yo nunca encaraba nada por la puerta principal – como la mayoría –, sino que siempre me abría camino a través de puertas laterales o traseras. Invertiría en bienes inmuebles de la misma manera: yendo por la puerta de atrás.

Así que todas las tardes, o a primera hora de la noche, después de mi turno, manejaba por la ciudad en mi viejo auto destartalado, buscando carteles de *Propietario vende*. Cuando encontraba uno que realmente parecía puesto por el propietario y no por un agente inmobiliario, anotaba la dirección y el número de teléfono, y al llegar a casa empezaba a hacer las llamadas. Nueve de cada diez nunca se molestaron en devolverme la llamada, pues supongo que después de todo no tenían demasiadas ganas de vender; pero uno de cada diez sí lo hizo.

Entre ellos había un italiano que tenía una vivienda de alquiler de cuatro departamentos. Su mujer estaba en una residencia de ancianos y él quería volver a Italia, pero necesitaba algunos ingresos para cubrir los gastos de su esposa. Me reuní con él, le caí bien y vio que tenía unos ingresos estables, así que accedió a venderme la propiedad sin pagar anticipo. ¡Y así fue como me convertí en propietario!

No tenía idea de cómo hacer reparaciones y trabajos manuales, pero como había supervisado la construcción de la casa de mis padres, sabía qué hacer. Contraté a gente para pintar y hacer pequeñas reparaciones. Así fui capaz de mejorar el edificio y alquilarlo con un beneficio respetable. Como había tomado el curso de planificación financiera y me había hecho un poco mayor y más sabio, era consciente de que no debía malgastar mi dinero. Me fijé el nuevo objetivo de invertir los ingresos que obtenía en comprar más propiedades, y no tardé en tener cuatro o cinco; pronto, todas comenzaron a brindarme un flujo constante de ingresos, y se revalorizaban año tras año.

Mi vida en Pittsburgh avanzaba muy deprisa. En pocos años me habían nombrado jefe de residentes y había terminado la residencia; me había divorciado y convertido padre; me había vuelto a casar y convertido en propietario. Incluso había solicitado la ciudadanía, tomado el examen y finalmente convertido en ciudadano estadounidense. Mejor aún, Janice no tardó en quedar embarazada de nuestra primera hija, Elise, nacida en 1985.

Mientras tanto, Etna se había licenciado y Shirin crecía al cuidado de su abuela en Londres, donde yo podía verla de vez en cuando, por muy lejos que estuviera. Aunque no se me concediera la custodia, sabía que Shirin estaba en un hogar seguro y protegido con la madre de Etna, una mujer amable, cariñosa y estable a quien yo respetaba.

Una vez más, Dios velaba por mí, y ahora también por mi hija. Sin embargo, al cabo de unos años, mi trabajo en la universidad ya no me inspiraba. Era muy difícil conseguir que nos entregaran hígados sanos a tiempo y en las condiciones adecuadas para los trasplantes. Eso significaba que en aquellos años no se hacían la cantidad suficiente de trasplantes que ofrecieran las oportunidades profesionales que yo buscaba. En consecuencia, decidí cambiar a medicina interna, especializándome en gastroenterología; de modo que, en lugar de esperar más tiempo para ingresar en el campo de los trasplantes, pudiera destacar en algo en lo que ya tenía experiencia. Trabajaría con los mismos hígados, los mismos conductos biliares, los mismos páncreas, pero no me centraría en lo referido a trasplantes. La vida me sonreía.

CAPÍTULO 9

Un inmigrante indio en el Viejo Estado del Norte

Dado que era jefe de residentes, estaba bien posicionado para encontrar un nuevo trabajo. Mi estatus no solo me convertía en un candidato atractivo para las escuelas de alto nivel que ofrecían becas en gastroenterología – con lo cual mejoraría mi formación y mis habilidades –, sino que además yo estaba a cargo de traer profesores visitantes de otras universidades para que hicieran presentaciones ante nuestro personal. Yo era el anfitrión oficial, lo que permitía entablar buenas relaciones con ellos. Así que, cuando me decidí a dejar la Universidad de Pittsburgh y empecé a enviar mi currículum y a solicitar becas, mi red de contactos era lo suficientemente amplia como para que pronto tuviera múltiples entrevistas y ofertas.

Una de las más emocionantes fue un ofrecimiento de Harvard; aunque estuve a punto de aceptar un puesto tan prestigioso, tuve que declinarlo tras reflexionar sobre lo que conllevaría mi trabajo. Harvard quería que hiciera un 75% de investigación, trabajando en un laboratorio, y apenas un 25% de clínica, lo que significaba que no pasaría mucho tiempo con los pacientes. Yo era un sanador; y ello implicaba encontrar un puesto en el que pudiera pasar el mayor tiempo posible atendiendo a los pacientes. Afortunadamente, unos días después recibí una oferta impresionante de un gastroenterólogo de renombre, el Dr. Donald Castell.

En aquel entonces, Don Castell era considerado como uno de los principales investigadores en el área de la gastroenterología; dueño de una notable carrera, había atendido a la familia de John F. Kennedy en el hospital, tratado al secretario de estado Henry Kissinger, y ahora era el jefe de gastroenterología del Centro Bowman Gray de Educación Médica de la Facultad de Medicina Wake Forest de Carolina del Norte. Don estaba reclutando gente por todo el país para poner en marcha el nuevo programa de gastroenterología de Wake Forest. Bajo su dirección, y dada su reputación estelar en el campo, no había duda de que sería tal programa sería de primerísimo nivel; ser parte de su equipo era una oportunidad increíble.

Volé a Carolina del Norte, pues nunca había visitado el sur, y enseguida me impresionó lo hermosa que era la zona. Era una región prometedora con un sector inmobiliario asequible, lo que significaba que sería un buen lugar para invertir y donde comprar una casa. Mejor aún, no hacía tanto frío como en Pittsburgh.

Volví a casa y compartí mi entusiasmo con Janice. Le sugerí que fuéramos allí y lo intentáramos durante dos años. Si no nos gustaba, volveríamos. Ella estuvo de acuerdo, y en 1985 vendimos nuestra casa de Pittsburgh y nos mudamos a Carolina del Norte. Nos instalamos en Winston- Salem – tierra del tabaco –, donde el aire olía como un paquete de cigarrillos recién abierto. La última vez que había vivido en un ambiente campestre tan encantador fue en la India, y el tono azulado de las montañas lejanas, la rica abundancia de árboles y arbustos en flor, y los numerosos arroyos y riachuelos que fluían por la ciudad como encajes, fueron un cambio bienvenido respecto al hormigón gris y los inviernos gélidos en los que había estado viviendo.

Compramos una bonita casa de dos plantas y nos instalamos. Al poco tiempo supimos que no nos iríamos de allí; nos encantaba. Pero tal como sucede con todo amor, nuestro traslado a Carolina del Norte no estuvo exento de dificultades. Estaba a punto de descubrir que no solo nos mudábamos a otro estado, sino a otra cultura.

Ya no te sorprenderá saber que, no importa de lo que se trate, todo lo afronto de manera intensa; y mi nuevo puesto no era la excepción. Una vez instalado en mi nuevo trabajo, me encontré con un enigma clínico que me hizo reflexionar. Cuando un paciente acude a urgencias quejándose de dolor torácico, no sabemos de dónde procede ese dolor. Sí, es cierto: podría ser el corazón, pero también podría tratarse de dolor esofágico, lo que sugeriría que hay un problema en el esófago. Al paciente todo le parece lo mismo, y en ese momento no había ninguna prueba diagnóstica que nos ayudara a determinar qué estaba pasando.

Dado que una parte de mi trabajo era la investigación, nuestro equipo decidió inventar la herramienta de diagnóstico que necesitábamos. Nos reunimos con un ingeniero de la Ford Motor Company e ideamos un pequeño tubo con monitores de presión y pH – en otras palabras, sensores de ácido – conectados al tubo. El ingeniero armó una cajita con cosas que compró en Kmart, le puso pilas y la conectó al tubo. Era un artilugio bastante rudimentario, pero cuando estuvo terminado teníamos una forma de medir de dónde procedía el dolor: se introducía el tubo en el esófago y quedaba allí; cada vez que subía ácido, los sensores lo detectaba. También ideamos una forma de registrar las mediciones para poder informar de ellas a los profesionales sanitarios

El paciente anotaba exactamente cuándo le dolía el pecho, y entonces los médicos podrían mirar la grabación, ver lo que mostraba y correlacionar el informe del paciente con estos registros objetivos. Lo llamábamos monitor de presión y pH de veinticuatro horas, y era completamente nuevo; nadie había fabricado nada parecido. Pero había un pequeño problema. Después de presentar nuestro monitor a algunos profesores, nos señalaron que no teníamos estudios con animales y por lo tanto no podíamos probarlo en humanos; y no podíamos testearlo en animales porque un animal no podía decirnos cuándo sentía dolor. Parecía que nuestra invención estaba atrapada en un callejón sin salida.

Entonces se me ocurrió que había llegado el momento de encontrar otra puerta trasera. Como tantas otras cosas en mi vida, busqué el truco; y este era el consentimiento informado. Puedes testear algo en humanos sin estudios previos con animales, si aquellos están informados de lo que estás haciendo. Puesto que el equipamiento no dañaría a nadie, todo lo que necesitaba era encontrar algunos voluntarios que dieran su consentimiento para probar el monitor. Pero para encontrar a esos voluntarios, necesitaba demostrar que era seguro.

Ante una sala llena de colegas médicos, mostré mi invento, unté un poco de *KY Jelly*[5] en el tubo y, mientras me miraban, me metí el tubo por la nariz hasta la garganta.

"¿Qué demonios estás haciendo?", preguntó alguien del público. La sala estalló en murmullos mientras todos se miraban entre sí, maravillados ante el extraño espectáculo que tenían delante. Luego me enrollé el tubo restante alrededor de la oreja para que no me estorbara y, durante las siguientes veinticuatro horas, llevé la máquina con el tubo conectado a ella y, por tanto, a mí.

Aunque solo necesitaba tres o cuatro horas de registros, quería veinticuatro horas de datos, para demostrar que cualquiera podía tolerar el tubo y la máquina durante ese tiempo. Me paseé por el hospital con ella. Comí con ella. Manejé con ella. Incluso dormí con ella. Quería asegurarme de que todo el mundo me viera viviendo y trabajando con normalidad mientras registraba datos valiosos. Puede que tuviera un aspecto extraño, pero la demostración fue un éxito. La universidad nos permitió probar la máquina en treinta pacientes, con su consentimiento. A todos les funcionó de maravilla, pero fue un trabajo duro.

---

[5] Gel lubricante.

La máquina medía un conjunto de ondas producidas por los movimientos del esófago, lo que hace tres o cuatro veces por minuto en casos normales. Cuanto mayor es la onda, más dolor experimenta el paciente. Esto fue antes de que las computadoras fueran populares y realizaran estos cálculos por nosotros, así que para medir estas ondas tuve que registrar las mediciones durante veinticuatro horas, midiendo manualmente la altura y la anchura de cada onda, y luego determinar la longitud y la anchura medias de todas las ondas, y compararlas con estadios sintomáticos frente a estadios asintomáticos. Y así lo hice para cada uno de los treinta pacientes que estudiábamos. Era mentalmente laborioso y llevaba muchísimo tiempo. Tenía que pasar todos los fines de semana en el laboratorio, además de seguir mi horario habitual, y era agotador. Pero produjo los resultados que necesitábamos: ¡la máquina funcionaba!

El siguiente paso en el proceso científico fue publicar nuestros resultados. Redactamos un artículo revisado por pares, en el que yo figuraba como primer autor, y lo publicamos en la publicación de gastroenterología revisada por pares más prestigiosa del mundo, lo que supuso el primero de los muchos artículos de este tipo que publicaría en el campo de la medicina. El artículo generó mucha expectación, y fue citado en innumerables revistas científicas, lo que demuestra el prestigio de un erudito entre sus colegas académicos.

El invento fue patentado y la tecnología vendida a una empresa biomédica por una suma importante. Pero como yo había inventado la máquina como empleado de la universidad, ella era la propietaria de los derechos de propiedad intelectual del invento, así que todo el dinero fue a parar a Wake Forest. No obstante, yo estaba encantado. No era solo un médico o un inversor inmobiliario. A los treinta y dos años, también me había convertido en un inventor exitoso.

Disfrutaba de mi trabajo en Wake Forest, y había aprendido más de lo que jamás hubiera esperado aprender; pero inventar el monitor me había hecho darme cuenta de que no quería pasarme todos los fines de semana encerrado en un laboratorio. No veía la luz del día ni disfrutaba de la noche. Simplemente estaba allí, trabajando constantemente. Era hora de cambiar.

Al principio, pensé que solamente necesitaba encontrar un empleo con más trabajo clínico. Las frustraciones con la investigación no eran solo mías; había un par de médicos más que sentían lo mismo que yo; y los tres acabamos en el mercado laboral al mismo tiempo, enviando solicitud tras solicitud para un puesto de médico en Carolina del Norte.

Uno de ellos, un tipo de raza blanca, no tuvo problemas para encontrar un nuevo puesto; todo el mundo lo quería. Pero el otro médico, un latino, estaba pasando por la misma experiencia que yo. Aunque nunca antes había tenido problemas para encontrar trabajo, desde que me mudé al Sur me di cuenta de que la búsqueda de empleo era un juego totalmente distinto. No me estaba yendo bien. Enviaba una solicitud tras otra, y nadie me ofrecía nada.

No lo entendía. Yo era bueno. Había sido publicado. Tenía una reputación excelente y estaba claro que trabajaba mucho. Incluso había sido jefe de residentes en una de las principales universidades; pero no conseguía nada. Tampoco mi colega latino, que era un médico excelente.

La razón estaba cada vez más clara: yo era un extranjero de piel oscura que hablaba con acento y, en el Sur, esos rasgos me hacían *inempleable*.

No había experimentado ningún racismo real en mi vida, al menos nada tan flagrante y extremo. Como cristiano, había crecido como una minoría en la India y también lo fui en Inglaterra. Pero allí nadie me había rechazado ni se había negado a contratarme.

Desde luego, tampoco había tenido experiencias adversas en Pittsburgh. Pero empezaba a despertarme a la realidad de la nueva cultura sureña en la que estaba criando a mi familia: había muchos obstáculos que debía superar debido a mi color de piel y mi acento.

Sin embargo, habíamos hecho amigos en Carolina del Norte, y disfrutábamos del lugar de muchas maneras. Cuando finalmente recibí una oferta para trabajar para un amigo en San Diego, y otra en Tampa (Florida), Janice y yo nos dimos cuenta de que, a pesar de todas las divisiones raciales que vivíamos, no queríamos marcharnos. Habíamos llegado a amar la belleza de la región, el clima, las oportunidades económicas y a nuestros amigos. Y era un lugar estupendo para criar hijos. Así que si queríamos quedarnos, tendría que encontrar otra puerta trasera.

Pensé en todas las razones por las que quería dejar Wake Forest: trabajaba constantemente, tenía poco control sobre mi tiempo y, a pesar de haber tomado el trabajo porque había menos investigación que en mis otras ofertas, acabé teniendo poco tiempo para el trabajo clínico.

Siempre me ha gustado el trabajo duro, pero si iba a trabajar tanto el resto de mi vida, no quería hacerlo para otra persona; quería trabajar para mí mismo; quería ser dueño de mi tiempo y de mis derechos de propiedad intelectual; quería crear algo para mi familia que perdurara luego de mi partida, algo que yo mismo hubiese construido y que pudiera transmitir a mis hijos y nietos.

También había aprendido mucho sobre economía y sobre cómo funcionaban las inversiones y la financiación. Había avanzado mucho desde que tomé el curso de planificación financiera. Así que, tras pensarlo detenidamente, decidí que tendría que hacerlo yo mismo.

Estaba en una larga caminata, disfrutando de la suave brisa del Sur, mientras contemplaba el siguiente paso. Siempre tenía un plan; entonces llevaba bastante tiempo meditando las decisiones que tomaría. No había motivo para abandonar el Sur. Allí, el potencial de inversión era grande, lo que significaba que era un lugar estupendo para empezar un consultorio médico privado y para que crecieran los niños.

Elise ya caminaba y hablaba al cumplir sus dieciocho meses, y fue por entonces que nos enteramos de que estábamos esperando nuestro segundo hijo. El lugar donde vivíamos ya no era solo el sitio donde queríamos estar. El tipo de entorno que podíamos proporcionar a nuestros hijos era primordial.

Iba a tener que buscar otra puerta trasera. Decidí comprar un consultorio médico ya existente porque no quería empezar el mío propio y ver apenas dos pacientes el primer día y a tres el segundo. Sería un proceso lento y arriesgado. Pero si pudiera comprar un consultorio médico ya establecido, tendría veinte o treinta pacientes el primer día.

Pero en mi mente luchaba con ciertas preocupaciones. Comprar un consultorio sería no solo costoso, sino terriblemente arriesgado. ¿Y si los pacientes huían al descubrir que su médico era un extranjero de piel oscura? Estaría endeudado y el dinero no entraría.

Además, la tecnología de un consultorio decente es cara y hay que actualizarla continuamente. ¿Y si no pudiera permitirme la mejor tecnología? Por si fuera poco, el seguro de mala praxis por sí solo era desorbitado. Mi plan era arriesgado, pero tenía que tomarlo.

Es muy difícil encontrar un consultorio para comprar, pero yo no me desanimaba ante los obstáculos. Sabía que Dios estaba de mi lado y que no me abandonaría en ese momento.

Alguien me lo venderá, me dije con confianza. *Voy a hacer algo para que eso ocurra. Encontraré un montón de personas diferentes. A cuanta más gente pueda llegar, más posibilidades tendré.*

Así como yo había manejado por Pittsburgh en busca de una inversión inmobiliaria, ahora Janice y yo nos encontrábamos conduciendo por las afueras de la zona de Winston-Salem, en busca de un consultorio.

Nos detuvimos en una cabina telefónica y agarramos algunas guías. Sí, sé que las guías telefónicas son cosa del pasado, pero en aquel entonces – antes de que existiese Google y las páginas web

– allí aparecía el número de teléfono de todo el mundo; y las empresas publicaban sus números, a menudo con anuncios de sus servicios, en las Páginas Amarillas.

Conseguimos la guía telefónica de Winston-Salem y las de sus periferias.

Cuando llegamos a casa, empezó la tarea. Escribí una carta preguntando si el médico podría estar interesado en vender su negocio. "Estimado doctor", empezaba mi carta, "soy gastroenterólogo de la Universidad de Wake Forest y estoy interesado en invertir en un consultorio privado, y me preguntaba si quizá estaría interesado en vender…".

Luego hice fotocopiar la carta y la envié por correo a muchos consultorios. Luego fuimos a Greensboro y encontramos aún más. Luego nos dirigimos a High Point e hicimos lo mismo.

De las cien cartas que enviamos, solo recibimos unas seis respuestas. Una de ellas fue de un médico de High Point. Abrí la carta del Dr. N. Hampton Chiles, internista con un gran y muy respetado consultorio. El Dr. Chiles me explicó que, aunque era internista, se había formado en gastroenterología en la Clínica Mayo y estaba impresionado con mi formación. En mi carta había incluido mi formación y certificaciones, entre las cuales había certificaciones en medicina interna, gastroenterología y hepatología, así que de entrada teníamos especializaciones comunes.

El Dr. Chiles indicó que estaba interesado en jubilarse en un futuro próximo y que consideraría la posibilidad de vender su consultorio, pero que primero le gustaría reunirse conmigo.

Apenas podía creer mi buena suerte. No había mucha gente trabajando en High Point que se hubiera formado en la Clínica Mayo, así que supe que su consultorio tenía que ser uno de los mejores de la ciudad. Le escribí enseguida y quedamos en vernos una tarde en su consultorio, para que yo pudiera evaluar su práctica médica y él a mí.

Mientras me preparaba para nuestro encuentro, investigué un poco sobre el Dr. Chiles, y me enteré de que tenía el consultorio número uno de la ciudad, al que iban a tratarse muchos millonarios. Él era un pilar de la comunidad y todo un caballero sureño. Me pregunté cómo reaccionaría al conocerme. A diferencia de las solicitudes para puestos médicos, en las que incluía mi currículum indicando que era de la India, en mi carta de presentación me había limitado a dar una visión general de mi formación en Londres y Pittsburgh. Y con un nombre como Lenny Peters, no había indicio alguno de que fuera extranjero o de piel oscura; pero estaba decidido a ganármelo a pesar de todo. Tenía un buen consultorio y le interesaba vender, y eso era lo que yo buscaba. Conduje hasta High Point, con grandes esperanzas y rezando con fuerza.

Cuando llegué a su despacho, me sorprendió el aspecto modesto que este tenía. En marcado contraste con su reputación de principal consultorio médico de High Point, el edificio en sí era un pequeño rancho de ladrillo, un edificio bastante derruido, de hecho. En el exterior, como en un consultorio rural a la antigua usanza, colgaba una placa en la que se leía N. Hampton Chiles, M.D., consultorio médico.

Aunque ya había terminado el horario de atención, el Dr. Chiles me estaba esperando; abrí la puerta y entré, llamándolo. Un hombre alto, regio y de pelo canoso, que aparentaba tener unos sesenta años, entró en la sala de espera: la sorpresa en su rostro me resultó inequívoca. Entonces quedó más que claro que esperaba a un hombre blanco. Por un momento se quedó sin palabras, y me preocupó que estuviera a punto de echarme.

No queriendo darle esa oportunidad, le regalé mi sonrisa más cálida y, tendiendo la mano, me presenté. Su asombro momentáneo se convirtió rápidamente en amabilidad y, tras darme un firme apretón, me abrió la puerta de su despacho y dijo: "Siéntate, Lenny", indicándome que tomara una silla.

Su despacho era sencillo pero cómodo, con un esqueleto en un rincón y un modelo anatómico de la cavidad nasal encima del archivador. Su título de médico de la Universidad de Louisville y los certificados de la Clínica Mayo adornaban la pared, junto a un llamativo grabado nativo americano de un águila. Enseguida me vi sentado detrás del escritorio, como él, y haciendo mío este consultorio.

A medida que hablábamos quedó claro que, a pesar de su sorpresa inicial, me tomaba en serio y me trataba con el respeto que trataría a cualquier médico blanco. En el transcurso de nuestra conversación, me enteré de que, además de su formación médica, era un hombre renacentista con muchos intereses, no solo famoso por sus conocimientos médicos sino por su estudio etnográfico de los nativos americanos y por una respetable colección de arte indígena que había acumulado a lo largo de los años.

Explicó que él y su esposa, Amadine Griffin Chiles, una notable escultora, estaban escribiendo juntos un libro sobre los nativos americanos, y que ambos habían criado a seis hijos en High Point, cada uno de los cuales tenía mucho éxito. Varios eran médicos, uno era abogado y otra, Lisa, era diplomática de alto rango en el servicio diplomático de Estados Unidos. Se había casado con un hombre de Sri Lanka y criaban a sus hijos – parecidos a los míos – en Washington D.C. Estaba claro que era un hombre que se sentía cómodo con gente de distintos orígenes.

Me sentí como si hubiera conocido a otra alma divina enviada por Dios. Era un aristocrático hombre blanco del sur, pero muy poco convencional. Le fascinaban otras culturas, su yerno era de la misma parte del mundo que yo, ¡y sus propios nietos eran casi tan morenos como yo! Me pregunté qué probabilidades había de que, de todos los médicos a los que había escrito, fuera él quien respondiera.

A los quince minutos de nuestra reunión, el Dr. Chiles, con una gran sonrisa dibujada en su rostro se reclinó en su silla y me dijo con su meloso acento sureño: "Si vendo este consultorio, Lenny, solamente te lo venderé a ti".

En cuanto dijo eso, supe que había encontrado mi consultorio.

El Dr. Chiles me dijo que, aunque había despertado su interés con mi carta, dudaba en vender porque, aunque sabía que se jubilaría pronto, no estaba preparado para abandonar el consultorio; le encantaba ejercer la medicina. También me di cuenta de que yo tenía mucho que aportarle, porque aunque era claramente un médico rural de corazón que proporcionaba la atención personal que la gente esperaba antaño de sus médicos – quienes los trataban durante toda la vida en lo referido a todos sus problemas médicos –, ese enfoque de la vieja escuela tenía un costo.

El Dr. Chiles había recibido una formación que le permitía prestar una atención excelente a sus pacientes, pero no se había formado con las tecnologías de vanguardia que estaban revolucionando la medicina interna y la gastroenterología, como las endoscopias. Ofrecía enemas de bario y radiografías del tracto gastrointestinal superior, y naturalmente los pacientes tenían que ir a otro sitio para hacerse colonoscopias y endoscopias. Pero yo podía traer esas innovaciones a su consultorio. Así que, tras algunas conversaciones sobre nuestros intereses mutuos, una vez que pasamos de la fase posible a la fase probable de llegar a un acuerdo, hablé.

"Muy bien, Dr. Chiles, es estupendo que considere la posibilidad de vendérmelo. Me encantaría comprar su consultorio. No hay peros que valgan. Esto es lo que quiero hacer. Y así lo haré; si no es con usted, será con otra persona. Así que, si es esa persona, haremos el trato, y espero que sea usted, porque me cae muy bien. Entonces, ¿podemos hablar de algunas condiciones?"

Pude ver en su rostro que estaba impresionado por mi franqueza. Su sonrisa era sutil, pero claramente aprobatoria. "Meditémoslo ambos", dijo, concluyendo nuestra reunión de forma amistosa mas decepcionante. "Volvamos a vernos dentro de un par de días y te diré lo que pienso", me dijo.

No tuve más remedio que marcharme de forma amigable y esperar ansiosamente durante los dos días siguientes, rezando a

Dios para que este arreglo – que en lo profundo de mi corazón sentía que estaba destinado a suceder – se hicieran realidad.

Dos días después, volvimos a encontrarnos en su despacho. "Lenny", dijo, meciéndose en la silla y pensando en lo que iba a decir, con la mirada fija en mí. "Este es el trato. Me pagas 250.000 dólares".

Casi me caigo de mi asiento. Ten en cuenta que era 1987, yo apenas tenía treinta y seis años y estaba formando una familia. Claro que ganaba un sueldo razonable, pero un cuarto de millón de dólares era una suma astronómica, mucho más de lo que jamás había previsto tener que pagar.

"Y yo trabajaré para ti", me dijo, "durante al menos dos años, hasta que me jubile, con un salario de 120.000 dólares al año. No me ocuparé de la administración, eso es todo tuyo. Desde el primer día, es tu consultorio y yo soy tu empleado. Es todo tuyo. Puedes cambiar el nombre, hacer lo que quieras. Pero eso es lo que yo quiero. He pasado toda mi vida aquí y naturalmente significa mucho para mí, así que quiero saber que lo dejo en buenas manos. Y creo que tú serías la persona adecuada para tomar las riendas. Veo que eres un buen hombre y un médico excelente. Quiero vendértelo, pero estas son mis condiciones. ¿Crees que puedes manejarlo?"

Un cuarto de millón más otro cuarto de millón en los próximos dos años. Medio millón de dólares. La mayoría de los médicos de mi edad tendrían medio millón de salario anual garantizado, con primas solo por inscribirse, gastos de mudanza, seguro de mala praxis y seguro médico pagados, y todo eso el primer día. Y aquí se me presentaba la oportunidad de tener medio millón de deudas desde el vamos. No era la oportunidad profesional que había imaginado.

Como una grieta en el universo que se abría ante mí, sentí que mis fantasías de tener mi propio consultorio se desmoronaban al enfrentarme a la realidad de los costos y los riesgos. No había pasado ni un solo día de mi vida en un consultorio privado. Nunca había manejado mi propio negocio. Lo máximo que había hecho en ese sentido era comprar algunos edificios y cobrar alquileres. Dirigir un consultorio médico no solo implicaba atender a los pacientes, sino comprar equipos y suministros, pagar sueldos, pagar impuestos, contratar seguros, enviar facturas, cobrar facturas vencidas, facturar a las compañías de seguros, gestionar al personal. Era una cantidad enorme de cosas que tendría que hacer para tener éxito, y hasta ahora de lo único que sabía era medicina.

Y encima, se trataba de un consultorio con una clientela muy… blanca. En cuanto aquellos pacientes vieran que el Dr. Chiles había vendido su consultorio a un hombre de color que hablaba con acento extranjero, no había duda de que la mitad de ellos huiría; ¡y eso si tenía suerte! Lo más probable era que simplemente me echaran de la ciudad.

¿En qué me había metido? Observé la mirada tranquilizadora del Dr. Chiles. A través de sus ojos vi su alma, sincera y generosa pero firme. No había lugar para la negociación. De repente y con convicción, dije: "Sí, Dr. Chiles. Puedo manejarlo. Tenemos un trato".

PARTE IV

SIEMPRE UNA PUERTA TRASERA

"Nunca estamos derrotados, a menos que renunciemos a Dios".

Ronald Reagan, expresidente de EE.UU.

CAPÍTULO 10

Invertir en el perdón

Desde que nos mudamos a Carolina del Norte, yo había estado trabajando demasiadas horas como para centrarme en la inversión inmobiliaria; pero aquella inversión inicial que me permitió comprar el edificio de cuatro unidades resultó ser excelente, aunque solo fuera porque me inspiró para invertir en más propiedades. Aunque tenía poco capital en los edificios cuando los compré por primera vez, con el tiempo se habían revalorizado y mi capital había aumentado considerablemente, de modo que cuando fui al banco a solicitar un préstamo para comprar el consultorio del Dr. Chiles, me alegré mucho de que me lo aprobaran. Cuánto había avanzado en apenas unos años desde que hube preguntado por primera vez a un agente de préstamos: "¿Qué es el crédito?"

Ahora tenía crédito y una deuda considerable. No tenía más remedio que hacer que aquel consultorio funcionara. Afortunadamente, sabía que cualquier obstáculo que encontrara sería derribado por mi fuerte ética de trabajo. Si hay algo que me caracteriza, es que muy pocas personas pueden superar mi capacidad de trabajar duro. Puede que no sea la persona más inteligente en muchas áreas – y me he enfrentado a gente mucho más inteligente –, pero les ganaré trabajando con una intensidad que jamás se hubieran imaginado. Y ahora iba a ponerme a prueba como nunca lo había hecho antes, porque si no podía devolver aquel préstamo, estaría en la ruina. Y eso no iba a suceder.

Vendimos nuestro hogar en Winston-Salem y nos mudamos a High Point. Compramos una casa – aun más bonita junto a un lago –, donde vivimos con la pequeña Elise y nuestro recién nacido, un hijo al que llamamos Anthony, en honor al santuario de san Antonio. A estas alturas, mis padres estaban envejeciendo y, aunque volvía regularmente a visitarlos, los quería más cerca. Mi madre estaba encantada con la idea, pero mi padre se resistía a abandonar su hogar en la India. No obstante, al final accedió; mi madre y yo logramos convencerlo de que valía la pena intentarlo. Entonces, gracias al maravilloso arte culinario de mi madre, nuestra casa se llenó de aromas y de las risas y la alegría de tres generaciones viviendo bajo un mismo techo.

Mi madre disfrutó mucho aquella época, así como del estilo de vida americano. Mi padre, sin embargo, extrañaba mucho a sus amigos y su familia en la India.

"Quiero pasar el resto de mi vida con mi gente en la India", solía decir. Finalmente, decidió volver a la India para siempre. Y como esposa devota, mi madre regresó con él.

El nuestro era un barrio agradable, con casas nuevas y muchas familias jóvenes. La mayoría de nuestros vecinos eran ellos mismos inmigrantes, procedentes de Nueva York, Nueva Jersey y otros estados del norte, así que encajamos bien. Nos reuníamos a menudo y nuestros hijos jugaban juntos. Por lo general, era una vida encantadora. Sin embargo, profesionalmente seguía siendo un extraño y, a diferencia de Pittsburgh y Londres, no tenía la sensación de enganchar el ritmo de las cosas. Seguía queriendo ingresar al sistema, por así decirlo, para dejar mi huella en la comunidad médica; así que, por muy entusiasmado que estuviera con mi nuevo consultorio, me propuse ir más lejos… hacia un futuro aún mejor.

El Dr. Chiles y yo no teníamos ningún documento legal que nos comprometiera. Empezamos a buscar abogados, pero al final decidimos escribir en un papel los seis puntos que habíamos acordado, incluido el precio. Ambos firmamos al pie y lo fechamos; cada uno guardó una copia. Esa era toda la documentación legal que teníamos. Para la mayoría de la gente, un acuerdo tan informal sobre una inversión tan grande sería irrisorio. Sin embargo, para nosotros aquel documento sí era sagrado. Confiábamos inmensamente el uno en el otro, estábamos unidos por un vínculo mágico y nos sentíamos como si nos hubiéramos conocido en otra vida. Ninguno de los dos engañaría al otro.

Desde el primer momento comencé con una plantilla de cinco personas, incluido el Dr. Chiles. Me ponía nervioso supervisar a alguien tanto más experimentado que yo, sobre todo en el consultorio que había construido, pero demostró ser un hombre de palabra: desde el primer día se puso a disposición como un empleado más. Fue en el primer o segundo día cuando ocurrió un incidente que me hizo ver lo bueno y honrado que él era.

La directora de la oficina se dio cuenta de que estaba a punto de renovarse la suscripción al periódico de Greensboro. Era una suma modesta, solo unos veinte dólares más o menos, y no era muy importante pues la publicación, que se dejaba en la sala de espera para los pacientes, era de otra ciudad.

En cualquier caso, se acercó al Dr. Chiles y le preguntó: "Dr. Chiles, ¿tenemos que renovar este periódico o suspenderlo?".

El Dr. Chiles se levantó de su mesa, salió al pasillo y gritó: "¿Dónde está Lenny?"

Asomé la cabeza por mi nuevo despacho y dije: "¿Sí?"

"Ese hombre es el jefe", dijo el Dr. Chiles señalándome. "Yo no tomo ninguna decisión. Aquí, su palabra es ley. ¿Lo han entendido todos?" Miró al reducido personal que observaba el intercambio.

Todos asintieron con la cabeza.

Entonces supe que todo iría bien con el Dr. Chiles. Se trataba de algo insignificante, un asunto de apenas veinte dólares; pero incluso en algo tan pequeño, no tenía ningún problema en ceder poder.

El Dr. Chiles era tan generoso con sus pacientes como con su consultorio. A cada paciente que entraba al edificio, ya fuera un obrero de una de las fábricas locales de muebles o uno de los millonarios dueños de una de tales fábricas, les aseguraba a todos que les daría la mejor atención posible. Y en cuanto a los proveedores, los líderes de la comunidad, cualquiera que tuviera alguna influencia o cuyos productos pudiera necesitar, a todos les decía lo mismo. "Este es mi hijo, Lenny. Si no estoy aquí, quiero que lo cuiden bien".

Nadie dijo ni mu porque el Dr. Chiles tenía mucho poder en la comunidad y era increíblemente respetado; pero yo no era tonto. Me di cuenta de que se preguntaban por qué había decidido venderle un consultorio tan bueno a un extranjero. Sin embargo, nunca les dio la oportunidad de expresar ningún prejuicio. Se quedó a mi lado, trabajando más que cuando era dueño del consultorio; me contaron que cuando era jefe, entraba a las siete cada mañana. Pero cuando comenzó a trabajar para mí, entraba a las seis y se ponía manos a la obra, quedándose hasta las seis o las siete de la tarde. Era un hombre asombroso, con una gentileza y una amabilidad que pocos podían igualar.

También poseía una humildad inesperada. Debido a su formación en la Clínica Mayo, tenía una buena reputación. Sin embargo, no se había mantenido al día de las últimas tecnologías y avances tanto como yo, ya que mi formación era más reciente. En lugar de resentirse conmigo por saber más que él sobre los últimos avances de la medicina, no dudaba en pedirme consejo.

"¿Cómo puedo ayudar?", preguntaría, ofreciendo sus servicios; o "¿Cómo se hace esto hoy en día?", mostrando curiosidad sobre un procedimiento; o "¿Qué puedo hacer con este paciente?" Cuando finalmente me puse al mando de todo el consultorio, él se apartó con elegancia y orgullo – no con vergüenza – por haber elegido a alguien en quien confiaba plenamente, que daría a sus pacientes el mejor tratamiento posible.

Llegué a ver al Dr. Chiles como alguien que el universo me había enviado justo cuando más lo necesitaba. Al igual que el Sr. Joseph había entrado en mi vida cuando deseaba desesperadamente una forma de salir de la India, así como lo hizo Sir Gray cuando supe que mi única forma de triunfar en el Reino Unido era ejercer en Londres, el Dr. Chiles había llegado a mi vida por gracia divina. No habría podido tener éxito sin estas almas bondadosas, y no podía ser una coincidencia que el Dr. Chiles y yo nos hubiéramos encontrado. Pude liberarlo de las responsabilidades de su consultorio y proporcionarle una cómoda jubilación; y él me brindó el consultorio que lanzaría mi propia prosperidad. No tenía ninguna duda de que había sido enviado por Dios.

Sin embargo, y por mucha confianza que el Dr. Chiles depositara en mí, durante los dos primeros meses el personal del consultorio se mostró desconfiado. No estaban muy contentos de trabajar para un tipo de piel oscura, y el hecho de tener cerca al Dr. Chiles y de repente tener que recibir órdenes del extranjero les resultaba confuso; seguían considerándolo el jefe, aunque él los animara a no hacerlo. Entonces es natural que hubiera cierta tensión. No sabían qué pensar de mí.

Dado que apenas había una pequeña oficina, estábamos todos muy apretujados. En un momento dado, la coordinadora de la oficina, Sandra, dijo que tendríamos que traer a alguien que se encargara de la facturación, pero no sabía cómo hacerlo.

"¿Dónde se va a sentar esa persona?", preguntó. "No hay sitio donde ponerla".

"Estoy ocupado con pacientes", le dije. "Dame un poco de tiempo. Encontraré el sitio". Volví a mi trabajo bien consciente de que si había algún problema, iba a encontrar una solución. Cuando tuve unos minutos entre paciente y paciente, busqué a Sandra y le dije: "Ven conmigo. Te mostraré dónde pondremos a la persona de facturación».

Caminamos por el pasillo y abrí la puerta del cuarto de baño, que no era más que un armario con un retrete y un lavabo. Bajé la tapa del inodoro y dije: "¡Qué buen asiento!"

Sandra me miró como si estuviera chiflado. Pero a esas alturas ya me conocía lo suficiente como para saber que, aunque no pondría a nadie a trabajar en el inodoro, había dejado clara mi opinión. Teníamos que arreglárnoslas con lo que teníamos, y si lo único que teníamos era un inodoro en el cual sentarnos, eso es lo que haríamos.

Por supuesto que sí contratamos a alguien para que se ocupara de la facturación; encontramos un sitio donde meterla, e incluso contraté a un asistente médico para que me ayudara. Aunque ciertamente el espacio quedaba chico y estábamos todos apretujados, la cuestión es que empecé ese consultorio de la misma manera que había emprendido cualquier otra cosa en la vida: trabajando con lo que tenía.

Aquel primer año fue terriblemente ajetreado. Es cierto que trabajar duro es parte de mi naturaleza, pero trabajé aun más porque no quería defraudar al Dr. Chiles. Afortunadamente, me había vuelto bastante eficiente con la gestión del tiempo y siempre había sido un buen planificador. Me centraba en lo que necesitaba atención y en la rapidez con que podía ocuparme de ello. No daba vueltas a un asunto: hablaba con mucha gente para que me dieran su opinión, y luego lo pensaba detenidamente. Si tenía que tomar una decisión, lo hacía con la información que tenía a mano. No necesitaba tener razón el 100% de las veces. Con solamente tenerla el 80% de las veces, me bastaba.

Me adherí a mi propia versión de la regla 80/20. La regla 80/20 sugiere que el 80% de nuestro trabajo se realiza en el 20% de nuestro tiempo. En otras palabras – y aunque la mayor parte de nuestro tiempo se malgasta –, si nos focalizamos durante el 20% de nuestro tiempo en el que somos más eficientes, conseguiremos hacer más cosas. Yo llevé esa regla un paso más allá, dándome cuenta de que, para hacer las cosas, no podía permitirme dedicar mucho tiempo a reflexionar sobre lo que había que hacer: tenía que hacerlo y ya. Debía tomar decisiones rápidamente y actuar de inmediato. Mi pensamiento es que si tomas decisiones correctas el 100% de las veces, no te estás esforzando lo suficiente; apenas estás tomando decisiones seguras y fáciles. Si solamente tomas buenas decisiones la mitad de las veces, no eres inteligente. Pero si el 80% de las veces tomas buenas decisiones, significa que te estás esforzando lo suficiente para tomar esas buenas decisiones e implica que el 20% de las veces te equivocarás. Así es como se aprende. Así es como sabes que estás creciendo y esforzándote al máximo.

Sabía que era un tipo 80/20. El 20% de las veces metía la pata: actuaba demasiado pronto, no tenía la información que necesitaba. Pero el 80% de las veces acertaba. Era un buen planificador y gestionaba bien mi tiempo. Trabajaba muchas horas, pero más que eso, era eficiente. Sabía qué necesitaba atención y con qué rapidez podía ocuparme de un problema. No pensaba en un montón de variables diferentes y luego tomaba la decisión. Si necesitaba tomar una decisión, la tomaba con la información que tenía a mano. Y fue con esa mentalidad que tomé decisiones rápidamente, contraté a gente buena sin perder mucho tiempo y logré hacer muchas cosas.

También es cierto que trabajaba tanto pues tenía miedo de fracasar y no quería volver a la pobreza. No quería criar a mis hijos en aquella pobreza en la que yo me había criado, no quería decepcionar a mis padres fracasando en mi negocio y no quería jugarme mi futuro. No tenía más remedio que triunfar.

Pero había otros que querían que fracasara. Solo había otros dos médicos de color en la zona, ambos afroamericanos, y trabajaban en la parte pobre de la ciudad. Y entonces llegó este joven de piel oscura, hablando con acento, diciendo que era indio, lo que confundió a todo el mundo; para colmo, todos mis pacientes eran blancos. Naturalmente, estos dos médicos sentían cierto resentimiento hacia mí, pero no me trataban mal. No me apoyaban más que los médicos blancos de la ciudad, pero a diferencia de estos, no se peleaban conmigo. Acaso era así porque no eran poderosos. Pero en la medida en que tenían algún poder, no iban a dejar que un extranjero de piel oscura triunfara.

Una vez más, necesitaba una puerta trasera.

Del mismo modo que había aprendido sobre los prejuicios raciales cuando me mudé a Carolina del Norte, una vez que empecé a trabajar en High Point y tuve mi propio consultorio, volví a aprender sobre los prejuicios. Aquí no era ni blanco ni negro. Cuando la gente se daba cuenta de que yo era el médico, no podía entenderlo. Por supuesto, las personas más cultas sí podían porque habían conocido a estudiantes internacionales en la escuela de posgrado. Pero la clase trabajadora media estaba inevitablemente confundida. Lo único que sabían de la India era que era un lugar donde todo el mundo se moría de hambre; seguramente no podía haber gente culta y con éxito que provenga de tal lugar, razonaban.

Una pregunta habitual que me hacían era: *¿Eres blanco o negro?* Si la persona era blanca, yo decía: "Sí, soy blanco, pero viví muchos años en el Caribe y mi piel se oscureció". Eso parecía satisfacerles y hacerlos sentir seguros en mis manos.

Y si eran negros, les decía: "Sí, soy negro. Pero me he alisado el pelo". Y les satisfacía saber que estaban seguros en mis manos. Muchos sabían que tenía sentido del humor.

Yo sonreía mientras bromeaba con ellos de este modo; pero por dentro, no. Por dentro me carcomía tener que demostrar una y otra vez mi competencia básica y mi humanidad. Pero para tener éxito, sabía que tenía que guardar esos pensamientos y superarlos. Tenía que seguir empujando hacia adelante.

No podía permitir que los prejuicios me desmoralizaran. Tenía que mantener la cabeza alta y utilizar el poder del perdón para superar esos retos. Sabía que no podía ganar tirando piedras. Tenía que ganármelos desde el corazón y con amabilidad.

Y tenía que seguir tirando hacia adelante aun cuando los médicos blancos no querían derivarme a sus pacientes de gastroenterología. Afortunadamente, mi experiencia en Wake Forest me había formado bien. Una de las técnicas que había desarrollado mientras trabajaba allí era un método para cauterizar una úlcera sangrante utilizando una nueva tecnología que pocos sabían manejar. Si alguien vomitaba sangre, en lugar de llevarlo rápidamente a cirugía – lo que podía significar esperar al cirujano – yo lo sedaba y le introducía un tubo por la boca hasta el estómago y cauterizaba la úlcera sin tener que abrir al paciente. Resultó que tuve que hacer este procedimiento varias veces, así que no tardé en labrarme una reputación como alguien que podía salvar vidas. Los pacientes empezaron a acudir a mí, diciéndome que sus médicos les habían dicho que no fueran a verme, pero que de todos modos venían a verme. Al final, esos médicos no tuvieron más remedio que llamarme cuando necesitaban ayuda; y yo me pasaba el día trabajando en el consultorio, volviendo a casa para cenar y echarme una siesta, para luego ser constantemente llamado a urgencias.

El racismo seguía existiendo, pero yo había encontrado la forma de trascenderlo: siendo tan bueno en mi profesión, que tenían que depender de mí. Sin embargo, por mucho que intentara superar el racismo que encontraba – mediante mi trabajo duro y la táctica de matarlos con amabilidad –, me angustiaba ver el impacto que tenía en mi familia. Decidí que debía hacer algo para mantenerla espiritualmente unida. Nos unimos a la iglesia presbiteriana más antigua de la ciudad e hicimos que bautizaran allí a nuestros hijos, contribuimos generosamente y no experimentamos hostilidad. Hicimos todo lo que pudimos para encajar. Nuestra iglesia nos brindó una gran comunidad. Estaba decidido a que mis nuevos amigos, vecinos y colegas no me despreciaran ni a mí ni a mi familia. Por el contrario, estaba decidido a que nos admiraran.

Fue un año estupendo, aunque difícil; y al final de aquel año, después de pagar al personal – incluido el salario del Dr. Chiles –, había obtenido beneficios. Y esa ganancia fue de más de un millón de dólares.

Incluso yo mismo me sorprendí de lo bien que me había ido, sin hacer otro esfuerzo que trabajar duro. Pero sabía que ninguna cantidad de trabajo duro y experiencia sería suficiente, así que al final del primer año apunté aún más alto. Decidí que iba a construir el edificio médico más bonito de todo High Point. El mejor. Uno que llevara el sello inconfundible de mi éxito en la fachada. Igual que había construido Bethany para mis padres, ahora construiría el Centro Médico Bethany, y lo convertiría en el consultorio médico más exitoso de la región.

≥ **CAPÍTULO 11** ≤

Médico, banquero, promotor inmobiliario

Llevábamos más de un año trabajando en un espacio reducido, y cada día parecía más apretujado que el anterior. Yo quería espacio… mucho espacio. Cada noche, al salir del trabajo y dirigirme al auto, miraba la calle e imaginaba dónde podría construir el centro médico de mis sueños. Me imaginaba un edificio de dos plantas, construido en cristal, que tuviera mucha luz y mucho blanco. Y mármol por dentro y por fuera. Quería que fuera tan limpio que brillara. Quería que fuera el edificio médico más llamativo y moderno de todo High Point.

En la parte superior del edificio construiría una puerta o, más exactamente, lo que parecería una puerta. Quería colocar mi emblema en esa puerta, para simbolizar que la puerta de nuestro centro estaba abierta a cualquiera. Y cualquiera que atravesara nuestras puertas se uniría a través de nuestro amor por nuestros semejantes. Naturalmente, lo llamaría Bethany, igual que había hecho con la casa de mis padres. Sería un centro médico abierto a todos. El Centro Médico Bethany. Escribí mi visión, explicando la misión del centro, la enmarqué y colgué en nuestra oficina para que todos los que trabajaban para mí – o quienes acudían a nosotros para recibir tratamiento – supieran que estábamos centrados en el futuro, y que ese futuro ofrecería el tratamiento más avanzado disponible en cualquier lugar de la región, y más allá también.

Justo enfrente, en la avenida Westwood, había un edificio de departamentos y cuatro casas que estaban lejos de su apogeo. El edificio se veía viejo y desvencijado, al igual que las casas. No debían de valer mucho, y a los propietarios de las casas probablemente les gustaría la idea de venderlas y mudarse a un hogar mejor. Me puse a imaginar mi centro médico allí mismo, donde estaban aquellos edificios, extendiéndose por toda la manzana.

Finalmente, la imagen se afianzó en mi mente; entonces supe que quería comprar esa manzana. Quería comprar el edificio de departamentos, todas las casas, y transformar aquella manzana moribunda en una próspera.

Busqué los registros de la propiedad del edificio de departamentos y me enteré de que era propiedad de un fideicomiso, gestionado por el banco local, High Point Bank and Trust. Un día, decidido a comprar la propiedad de un modo u otro, me reuní con uno de los altos cargos del banco, un banquero destacado de la ciudad. No cabía duda de que él tenía mucha influencia en una ciudad tan pequeña, por lo que obtener su aprobación sería importante.

Después de que su secretaria – con voz inequívocamente recelosa – le anunciara que un tal Dr. Lenny Peters estaba allí para reunirse con él, me hizo pasar a su despacho, donde le tendí la mano antes de tomar asiento en su escritorio.

Me echó un vistazo, y su rostro rezumaba desaprobación mientras estrechaba mi mano como si fuera infecciosa. Me di cuenta de que pensaba que estaba perdiendo el tiempo hablando con un extranjero de piel tan oscura como la de un negro.

"Sí, ¿en qué puedo ayudarle, Sr. Peters?", preguntó, como si estuviera a punto de venderle una colección de enciclopedias.

"Hola", dije, ofreciendo mi sonrisa más amplia y con mi mayor encanto, "soy el Dr. Lenny Peters". Dejé que el "doctor" repiqueteara en su mente por unos segundos antes de continuar. "Hace poco compré el consultorio del Dr. Chiles y estoy interesado en ampliarlo. Tengo entendido que gestionas el fideicomiso del edificio de departamentos de la avenida Westwood, y me gustaría comprar ese edificio."

También podría haberle dicho que estaba interesado en comprar el propio banco. Se mostró incrédulo.

"No", me dijo, levantándose de la silla para darme a entender que la reunión había terminado. "No está a la venta".

"Quizá no esté en venta", le dije, sin hacer ademán de marcharme, "pero es una inversión. Y eso significa que si el precio es bueno, lo venderá. Al menos me gustaría tener la oportunidad de discutir un precio justo con usted".

Entrecerró los ojos e hizo un gesto para que me marchara. "No está en venta para usted. Buenos días, Sr. Peters".

"Dr. Peters", lo corregí. "Y lamento que pienses así. Pero voy a comprar ese edificio". Lo miré fijamente, haciéndole saber que hablaba en serio. Luego me fui sin haber logrado el objetivo, pero aún más decidido a comprar ese edificio a cualquier precio.

El curso de planificación financiera me había enseñado algunas cosas. Una de ellas era que los documentos fiduciarios son públicos. Así que pedí a alguien que fuera al juzgado a buscar los documentos fiduciarios del edificio. Me enteré de que el edificio había sido heredado por dos hermanos que vivían en Virginia y que habían puesto la propiedad en el fideicomiso para proteger sus intereses financieros. Localicé el número de teléfono de uno de ellos y lo llamé.

"Quiero comprar tu edificio de la avenida Westwood, en High Point", le dije después de presentarme. "¿Considerarías la posibilidad de venderlo?"

"Claro", dijo. "Dame un buen precio".

Pasamos los siguientes cuarenta y cinco minutos negociando el precio y condiciones; al terminar la llamada, tenía un acuerdo para comprar el edificio.

Una vez que el acuerdo estuvo firmado y en mi poder, fui al banco y me reuní de nuevo con el banquero que tan sumariamente me había despedido. No tenía ningún interés en volver a reunirse conmigo, pero antes de que tuviera ocasión de insultarme una vez más, le dije: "Tengo un acuerdo. Voy a comprar ese edificio, y sé que es ilegal que un fideicomiso bloquee una venta. Y tengo el pago inicial, los activos, los ingresos y el crédito para garantizar un préstamo por el precio de compra. Si tú no me das el préstamo, lo conseguiré en otro lado. Pero denegarme el préstamo por motivos de raza también es ilegal. Entonces, ¿hablamos aquí o en el juzgado?"

Me vendieron el edificio. Pero yo seguía sin estar satisfecho. Me dije que algún día compraría todo su banco, y añadí ese banco a mi visión de futuro.

El siguiente paso fue comprar las casas de la manzana. No tuve problemas para comprar las dos primeras y las dos últimas, pero la que estaba en el medio de aquella hilera de casas era propiedad de una anciana que se negaba a vender. No iba a quedar bien si echaba a una anciana de su casa, pero no iba a rendirme ahora que había comprado todo el resto de la manzana. Entonces decidí no preocuparme por ello de momento y volví a focalizarme en mis planes.

Encontré un estudio de arquitectura en Charlotte, especializado en arquitectura médica y considerado el mejor del sur. Vinieron, inspeccionaron la propiedad, discutieron mi visión y elaboraron los planos. La franja donde estaban las casas se utilizaría para estacionar, pero aquella casa – la que estaba en el medio – planteaba un problema: bloqueaba todo.

"Dr. Peters, aquí no se puede construir un estacionamiento", me dijeron los arquitectos, "no con esa casa ahí".

Dado que no presto mucha atención a la gente que me dice lo que no puedo hacer, simplemente reí. "Lo que me están diciendo es que no puedo ir por la puerta principal", respondí, observando la confusión en sus caras. "Sé lo que me están diciendo, pero voy a hacer la misma pregunta una y otra vez, hasta que me digan por qué puerta lateral o trasera podemos ir. No me digan cómo no podemos construirlo: cuéntenme cómo *podemos* hacerlo".

Por fin lo entendieron. Aunaron esfuerzos y volvieron con una solución. "¿Y si ponemos el edificio sobre pilotes y hacemos el estacionamiento debajo del edificio? Podemos tener un ascensor que lleve a la entrada principal en la segunda planta".

Lo pensé un momento, sonreí y les dije: "Ahí está. ¡Ahí tienen su puerta trasera!"

El edificio se terminó de construir en menos de un año. Apenas dos años después de mudarme a la ciudad, estaba listo para abrir las puertas del Centro Médico Bethany, el edificio médico más impresionante de todo High Point.

Cuando estaba poniendo en marcha mi nuevo consultorio, había observado lo difícil que era para los pacientes conseguir citas con los médicos locales. No era raro que tuvieran que esperar seis semanas – o más – solo para ver a un médico. Además, como cerraban sus consultorios a las cinco de la tarde, a menudo los pacientes tenían que tomar días libres en el trabajo, lo que podía resultar difícil y costoso. En consecuencia, decidí mantener mis puertas abiertas de 8.00 a 20.00, siete días a la semana, y los pacientes sin cita previa eran bienvenidos.

Esa medida por sí sola trajo muchos pacientes, y pronto nos convertimos en el mayor grupo médico de la zona. Sin embargo, con el Centro Médico Bethany en marcha, me enfrenté a otro reto. La salud del Dr. Chiles empeoraba, y estaba a punto de jubilarse. Casi al mismo tiempo, mi asistente médico anunció que se trasladaba a Tennessee. No podía ocuparme yo solo de todos los pacientes. Necesitaba ayuda.

Empecé a buscar un nuevo asistente médico. Unos meses antes, un joven del programa de asistentes médicos de Wake Forest había hecho prácticas conmigo. Se llamaba Don Bulla y había nacido y crecido en Asheboro, una ciudad a treinta minutos de High Point.

Su familia llevaba doscientos años en el estado. Lejos de ser un forastero, era un auténtico sureño, joven, carismático y muy leal.

Desde su internado, Don se había graduado entre los primeros de su promoción en el programa de AP y era asistente médico titulado. Lo llamé, le hablé de mi nuevo consultorio y le dije bromeando: "Don, te pagaré la mitad que a los demás, pero quiero que trabajes el doble. ¿Tenemos un trato?"

La respuesta inmediata de Don fue: "Hecho. Me caes bien, Dr. Peters, y ya he trabajado contigo. Sé en lo que me meto y me uniré al equipo".

Eso fue hace más de treinta años; y Don, ahora vicepresidente de Bethany Medical y presidente de Peters Medical Research, sigue conmigo.

Volviendo a la construcción: mientras tanto, el problema seguía siendo la casa de la anciana. Tras un año de funcionamiento del centro, su casa seguía allí, pero ahora estaba rodeada por las brillantes luces del estacionamiento y hospital. Esta era una realidad que ya le habíamos planteado cuando le propusimos por primera vez comprar su casa, pero ella se había mantenido firme y nos había dicho que no le importaba. Se mostró bastante amistosa al respecto, pero dijo que no iba a mudarse. Aunque puede que no fuera un problema para ella, desde luego lo era para mí. No quedaba bien tener una casa en medio de nuestro estacionamiento, así que durante ese primer año les pedí a varios agentes inmobiliarios que hablaran con ella, y cada vez volvían diciendo que no se iba a mudar. Por fin, me harté y me dije: "Tiene que haber otra forma de hacer esto".

Encontré el número de una panadería local en la guía telefónica y encargué un pastel que llegaría en menos de veinticuatro horas. Al día siguiente, a las tres de la tarde, llamé a la puerta de la anciana, la Sra. Jones; el pastel estaba en mis manos.

"Hola, señora Jones. Soy el Dr. Peters, el propietario del Centro Médico Bethany. ¿Le importaría que pase?" Le ofrecí el pastel, viendo cómo se le abrían los ojos y se le ponía rígida la postura.

"Sí, lo conozco", dijo, tomando el pastel y haciéndome pasar. "Pero no voy a vender mi casa".

"No he dicho que quiero comprar su casa, señora Jones. Solamente quería traerle un pastel".

Estaba claramente encantada con la oferta y, sospecho, con la compañía; me hizo un gesto para que tomara asiento. "Sabe, Dr. Peters", me dijo mientras se acomodaba lentamente en la silla, "quería ir a verlo a ustedes y a los demás médicos de su clínica. Tengo artritis. Me cuesta mucho subir y bajar las escaleras, y mi habitación está arriba. Últimamente, me lleva la mitad de la noche poder acostarme". Se rio, pero no dudé ni un instante de que su dolor era real.

Además, me estaba diciendo exactamente lo que necesitaba saber: por qué su casa ya no era buena para ella. Cuando eché un vistazo a mi alrededor, era fácil darse cuenta de que había mucho cariño en ese hogar, lleno de sus recuerdos personales y decorado con gusto desde hacía décadas. Las grietas en las paredes me indicaban que los cimientos se estaban deteriorando, mientras que la moqueta desgastada, una ventana delantera rota y una gotera mal reparada en el techo dejaban claro que no tenía dinero para mantenerla.

"Parece que le resulta difícil moverte", dije, expresando mi empatía y haciéndome eco de sus preocupaciones.

"Claro que sí. Me estoy haciendo mayor. Podría caerme y romperme la cadera".

"No me gustaría que le ocurriera eso, señora Jones. Veo a muchos pacientes que han sufrido caídas, y no es algo que nadie desee. Me parece que tendría que comprarse una casa de una sola planta, para así no tener que subir más escaleras".

Sonrió con picardía y me señaló con el dedo. "¡Ahora, Dr. Peters, no me engaña ni un poquito! Ya le he dicho que no voy a vender mi casa, ¡y no va a convencerme por solo haberme traído este pastel tan delicioso!". Se rio, así que supe que seguía de buen humor. Luego irrumpió. "Además, si vendo esta casa, el gobierno tomará la mitad en concepto de impuestos, porque no debo nada por ella. Soy propietaria absoluta. Si eso ocurriera, me quedaría con la mitad del dinero y sin casa. No podría comprar nada con eso".

Así que el problema no era que quisiera seguir viviendo en la casa. En todo caso, quería una casa más adecuada. El problema era que le preocupaban los impuestos. Tal como sospechaba, nadie se había sentado a hablar con ella para averiguar qué quería. Todos se habían acercado a ella diciéndole por qué quería comprar su casa, sin preguntarle por qué no quería venderla.

"¿Sabe qué?" le dije. "Tengo una idea. ¿Qué le parece si le compro una casa con dos dormitorios en una sola planta? A estrenar. Entonces le daré esa casa y usted me dará esta casa. Así no deberá impuestos. Se llama un intercambio 1031".

Sus ojos se abrieron aun más que cuando vio el pastel. «¿Haría eso por mí, Dr. Peters?».

"Claro que sí", le dije. "Si la única razón por la que le preocupa vender es que debería demasiados impuestos, entonces vamos a buscarle una casa bonita que le guste y la cambiamos, para que no tenga que pagarlos".

"Dr. Peters", dijo ella, mientras el brillo de la juventud parecía volver a su rostro, "tenemos un trato. ¿Qué tal si lo celebramos con un trozo de ese delicioso pastel?".

Y así fue como acabé adquiriendo toda la manzana. En cuanto a la Sra. Jones, le compré una casa de una planta en una urbanización nueva, justo al lado de su iglesia. El valor era más o menos el mismo que el de su casa, que terminé derribando. Una vez hecho esto, pude cerrar la planta inferior que se había utilizado como estacionamiento y convertirla en el primer piso, con lo que conseguí el edificio de dos pisos que me había propuesto construir.

Tras la jubilación del Dr. Chiles, Don y yo habíamos formado el núcleo del consultorio de Bethany Medical. Desde el principio, Don demostró ser otra de las personas enviadas por la gracia divina, porque trabajaba las mismas largas horas que yo. Llegaba incluso antes que yo y se marchaba más tarde, y hacía sus rondas con una pericia y un cuidado que le granjeaban el cariño de nuestros pacientes. Formábamos un equipo excelente, y sus raíces sureñas ayudaron a legitimar Bethany Medical en la comunidad. Sin embargo, con el crecimiento del consultorio se hizo evidente que, incluso con la experta ayuda de Don, necesitaba otro médico.

Cuando me mudé por primera vez a High Point había otro gastroenterólogo en la ciudad, y él quería que me uniera a él; sospecho que porque quería evitar que entrara en competencia con él, no por auténtico deseo de que me uniera a su consultorio.

Como Winston-Salem y High Point están tan cerca, ya conocía su reputación porque había tratado a muchos de sus pacientes, y sabía que no era especialmente hábil. La idea de unirme a su consultorio me hacía sentir incómodo pues no quería estar vinculado a su trabajo, que me parecía inadecuado; entonces, rechacé su propuesta. Como resultado, nunca me dijo una palabra amable. Siempre me trató mal, y no tengo dudas de que comenzó rápidamente a denigrarme ante otros médicos de la zona.

Mi creciente éxito en el Centro Médico Bethany tampoco estaba siendo bien recibido por mis otros colegas médicos de la zona, a pesar de mi afiliación con el Dr. Chiles. No recibía derivaciones de destacados médicos blancos cuyos pacientes necesitaban ver a un gastroenterólogo, a pesar de que yo había establecido un gran consultorio en la ciudad. Cuando les preguntaba a estos médicos – colegas que me mostraban un rostro amistoso –, su respuesta típica era: "Bueno, es que no quieren ir a tu centro". Lo que no sabían, sin embargo, era que sus pacientes acudían a mí y me pedían que no se lo dijera a sus médicos.

Pero sí se lo dije. No iba a dejar que siguieran desprestigiándome ante sus pacientes, y no iba a tratar a mis pacientes en una relación clandestina como si yo fuera una especie de curandero. En lugar de eso, iría directamente a los consultorios de esos médicos y me enfrentaría a ellos. "Este paciente tuyo vino a verme", les diría, mostrándoles mis notas, "pero tú les dijiste que no me vieran".

Por supuesto que la inevitable desmentida aseguraba: "Oh, yo nunca he dicho eso". Pero sus caras traicionaban su hipocresía.

Sin embargo, mis habilidades eran innegables y, gracias al boca a boca y a mi política de puertas abiertas, mi consultorio siguió creciendo. Pero sabía que eso no significaba que continuaría siendo así en el futuro.

Me di cuenta de que mientras dependiera de sus derivaciones, me enfrentaba a una ardua batalla; y realmente me lo pusieron muy difícil. El objetivo final que tenían era echarme de la comunidad; así que les seguirían diciendo, a sus pacientes que necesitaban ver a un gastroenterólogo, que no acudieran a mí. La única forma de tener éxito sería ampliar mi consultorio ofreciendo más especialidades, lo que significaba ampliar el número de especialistas en plantilla. También me di cuenta de que tendría que contratar a nuevos médicos para mi consultorio.

Era yo quien estaba construyendo este consultorio, y tenía la intención de seguir controlándolo. Pero necesitaba atraer a buenos médicos, así que les ofrecí buenos ingresos, beneficios y un buen horario de trabajo.

Dado que yo dominaba la gastroenterología y la medicina interna, me planteé qué otra especialidad debía añadir. Evalué las necesidades de nuestros pacientes, y me di cuenta de que me vendría bien un neumólogo, alguien especializado en trastornos pulmonares. No solo vivíamos en una región tabacalera, sino que las tasas de asma y trastornos respiratorios aumentaban tanto en niños como en adultos, y tener a alguien que pudiera ocuparse de esas enfermedades crónicas nos ayudaría a destacar. Con la intención de reclutar a nivel nacional para poder contratar al mejor neumólogo disponible, puse anuncios en las principales revistas médicas.

No tardé en recibir una llamada de alguien que estaba terminando la carrera de medicina en la UCLA. Me dijo que era de

Carolina del Sur, donde su padre era policía y su madre maestra. De buenas a primeras me contó dos cosas: primero, que era sureño. Eso era bueno. En segundo lugar, era el primero de su familia en obtener un título superior, lo que significaba que era muy trabajador. Y aunque deseaba volver al sur, no quería estar demasiado cerca de sus padres; lo cual indicaba que era probable que se quedara. Era un gran candidato, así que lo invité a una entrevista.

Cuando entró por la puerta, me sorprendió ver que era afroamericano. Inmediatamente sentí afinidad con él por ser otro médico de color, pero sabía que contratar a un negro no caería bien pues él sería especialista en cuidados intensivos. Era un puesto poderoso, porque todos los pacientes enfermos del hospital tendrían una consulta con él, lo que significaba que todos los médicos tendrían que pasar por él cuando sus pacientes enfermaran. Y yo había estado en Carolina del Norte el tiempo suficiente para saber que la mayoría de los médicos no querían trabajar con galenos negros.

Pero en lo que a mí respecta, él era la mejor opción. Había entrevistado a otros para el puesto, y este hombre era el más calificado de todos. Así que decidí tomar el riesgo. No me importaba en absoluto el color de su piel. Quería al mejor médico que pudiera encontrar, y él era el indicado. Sin embargo, aunque me estaba acostumbrando al racismo del sur, nada pudo prepararme para la reacción violenta que se produjo cuando contraté a un médico negro.

Dios mío. Todo el lugar entró en erupción. Las miradas; los comentarios; la presunción de que no estaba calificado; la suposición de que lo habían contratado no porque fuera el mejor sino porque era negro, lo que implicaba que estaba menos calificado y que había tomado el trabajo de un blanco. Sin embargo, todo eso era de esperar. Las miradas, los comentarios y las suposiciones, descubrí poco después, eran lo de menos. Mi teléfono empezó a sonar con llamadas anónimas que amenazaban mi negocio, me amenazaban a mí y, lo más aterrador de todo, amenazaban con hacerles daño a mis hijos.

Estaba furioso. Había contratado al mejor médico que pude encontrar, y estos hombres que decían ser cristianos temerosos de Dios actuaban de forma totalmente opuesta. Recé por paciencia, tolerancia y perdón. Pero, sobre todo, recé por la seguridad de mi familia.

Sin embargo, había una cosa que jamás haría: irme de la ciudad. No. Iba a demostrarles que no podían intimidarme.

En lugar de despedir a mi neumólogo, puse un anuncio para otro médico de cuidados críticos pulmonares. Esta vez, sin embargo, iba a contratar a un médico blanco, no para apaciguar a los alborotadores sino para demostrarles que los médicos blancos y los médicos negros podían trabajar codo a codo. Me iba a costar algún dinero, pero ello demostraría la integración racial en acción. Los pacientes verían a un tipo blanco un día, a un tipo negro otro día, y descubrirían que recibían la misma atención por parte de un equipo médico multirracial.

Encontré justo al médico que buscaba, recién salido de Stanford. Un galeno formado en Stanford no es barato, y tuve que pagarle mucho más dinero que al otro; pero en cuanto se incorporó, las llamadas se calmaron. Y lo que es mejor, los pacientes empezaron a responder como yo esperaba. Nos vieron a todos trabajando juntos, a mí – el indio con acento raro –, al médico negro, al médico blanco y al asistente médico blanco del sur. Por desgracia, el médico blanco no trabajaba tanto como el médico negro, pero su labor era buena, y la decisión de contratarlo había sido la correcta; sobre todo teniendo en cuenta los problemas que estaba teniendo para que me aceptaran en la comunidad médica de High Point, donde cualquiera que no llevara generaciones en la zona no era bien recibido... y especialmente si dicho forastero tenía éxito.

Cuanto mayor era mi éxito, mayor era mi visibilidad; y cuanto mayor era mi visibilidad, más problemático les parecía. Yo no tenía ningún problema con eso; es más, me alegraba ser su problema. Significaba que estaba teniendo éxito.

Había varios grupos de médicos que trabajaban en distintos consultorios y clínicas. El hospital los ayudó a formar un único grupo unido llamado Cornerstone Healthcare, compuesto por unos doscientos médicos, para competir conmigo y restringir mi crecimiento.

Si yo contrataba a un médico, mis visitas al hospital eran una pesadilla: no recibiría ninguna ayuda y hablarían mal de mí ante cualquier oportunidad. Una vez constituida Cornerstone, no tenía forma de progresar. El hospital me golpeaba por un lado y Cornerstone lo hacía por el otro.

No tenía a quién recurrir salvo a Dios. "Dios mío", recé, "¿por qué me hacen esto? ¿Por qué me has traído a High Point? He estado en Londres, en Pittsburgh, incluso en San Francisco; podría haber ido a trabajar a cualquier parte. ¿Por qué me has traído aquí?".

Rezaba esta oración cada día y cada noche, y un día oí una voz. Dijo: "Reza".

"Bien, rezaré", dije, y empecé a rezar aún más. "Ok, Dios, estoy rezando. Y me siguen pegando. ¿Por qué me haces pasar por todo esto?"

La voz respondió: "Reza como te enseñé, como te enseñé a rezar".

Comprendí lo que eso significaba. Era lo que mi madre me enseñó de niño en el santuario de san Antonio en la India: ponerme de rodillas e inclinarme hasta que la frente tocara el suelo, con los brazos cruzados sobre el pecho en señal de oración. Debía postrarme en señal de súplica, caer de rodillas en oración. Me arrodillé, bajé la cabeza y empecé a rezar; hasta que me frente tocó el piso; y eché mano a toda mi emoción, a toda mi pasión, para así rezar con una fuerza sin parangón en mi vida.

Y como ha hecho siempre, Dios respondió a mis oraciones. Poco después se descubrió que el acuerdo con Cornerstone había costado demasiado dinero al hospital. El grupo estaba drenando los ingresos del hospital, y Cornerstone tenía una deuda de veintinueve millones de dólares. El administrador dimitió y Cornerstone fue a la quiebra. El hospital se vendió a la Universidad de Carolina del Norte, en Chapel Hill, y cuatro años después se volvió a vender a la Universidad de Wake Forest. Cuando terminó la carnicería, pausé mis oraciones y volaba de optimismo. Bethany se convirtió en el mayor proveedor independiente de asistencia sanitaria de la Tríada[6].

Sentí la necesidad de celebrarlo. Fui al concesionario Rolls-Royce más cercano y pedí ver su auto más grande.

El vendedor era un conocido mío, pero cuando llegó el momento de concluir la transacción, me invitó a pasar a una oficina cercana para hablar de las opciones de financiación. Levanté la mano, indicándole que podía parar. "No será necesario", respondí. "Pagaré en efectivo".

Con eso, saqué mi chequera e hice un cheque por el importe total.

Me dijo que la venta tendría que esperar uno o dos días hasta que se cobrara el cheque, pero no me importó. Le di las gracias y me marché en mi Ferrari rojo.

Unos días después, yo estaba manejando por la ciudad el Rolls-Royce más grande y azul que jamás había visto.

El mensaje estaba claro. Podían rechazarme y despreciarme todo lo que quisieran, pero yo no me iría a ningún lado.

Aquellos primeros años fueron duros; pero al cumplir cuarenta mi patrimonio era de millones; y poco tiempo después no solamente manejaba un Rolls, sino también un Porsche y una Ferrari. Lo había logrado.

Pero el racismo no había cesado. Todavía estaban aquellos que me miraban por encima del hombro. Había llegado el momento de dejar en claro que no me iba a ir; era hora de entrar en su círculo.

---

[6] Zona que abarca las tres grandes ciudades de la zona: Greensboro, Winston-Salem y High Point. (N. del T.)

CAPÍTULO 12

Entrando por la puerta de atrás

Nuestra familia crecía. En 1990 nació nuestra hija Nicole, y en pocos años nuestra familia de cinco miembros estaba como sardina en lata. Necesitábamos una casa más grande.

Había echado el ojo al barrio de Emerywood, en la parte noroeste de la ciudad, cerca de la cancha de golf y del club de campo. Emerywood alberga casas más grandes y antiguas, todas señoriales, con enormes patios y largas entradas. Es donde viven los residentes más ricos de High Point, los empresarios, los médicos, la alta burguesía. Solo había un problema: en aquella época era difícil comprar en el barrio porque la propiedad pasaba de generación en generación. Naturalmente, no iba a dejar que me cerraran la puerta. Tenía toda la intención de criar allí a mi familia.

También tenía la firme intención de comprar la casa más bonita posible; mientras más cercana al campo de golf, más cara la propiedad. Así que di vueltas con mi auto en busca de la casa más grande que pudiera encontrar en venta, y que estuviera lo más cerca posible del campo de golf. Vi una casona de ladrillo de unos dos mil metros cuadrados en un tranquilo *cul-de-sac*, con un hermoso jardín de más de un acre, que daba al golf del club de campo. Las canchas de tenis y la piscina estaban a poca distancia: me haría miembro del club de campo, y entonces podría jugar al tenis en cualquier momento y nuestra familia podría nadar siempre que quisiéramos, sin tener que ocuparnos del mantenimiento de una piscina. Era justo lo que yo quería.

Cuando consulté los registros de la propiedad, me enteré de que tenía seis dormitorios y cinco cuartos de baño, el tamaño perfecto para nuestra familia. Mejor aún, me sorprendió descubrir que la había construido en 1970 el banquero que había fundado el High Point Bank and Trust.

Como siempre hacía, incluí en mis oraciones diarias – que ahora eran dos veces al día – mi súplica a Dios para que nos bendijera a mí y a mi familia con la casa de nuestros sueños.

Entonces, por casualidad, me enteré de que un colega mío – nativo de Carolina del Norte – también estaba interesado en la casa. Aquello pareció ser el último clavo en el ataúd: logró ganarme de mano, así que me resigné a que la casa no sería mía. Mis plegarias no fueron escuchadas esta vez.

Poco después, mientras un día hacía la ronda en el hospital, estaba hablando con otro colega que conocía mi decepción, cuando vimos al hombre que había comprado la casa de pie junto a la enfermería.

"Ve a hablar con él", me instó mi colega. "Vamos, habla con él".

"¿De qué quieres que hable con él? le pregunté. "¿Por qué le diría que quiero comprarle la casa, cuando él acaba de comprarla? Eso sería admitir mi derrota".

"No necesariamente", dijo. "Al menos inténtalo".

Tenía razón. Al menos tenía que intentarlo. Así que me acerqué a la enfermería y entablé conversación. Le conté que me había enterado de que los dos queríamos comprar la misma casa, tema del que nos reímos mientras compartíamos nuestro aprecio por sus muchas y bellas características.

Me escuchó con gran empatía y, mientras hablábamos, le hice mi propuesta.

"¿Considerarías la posibilidad de venderme esa casa?".

Estaba claramente sorprendido, pero intuí que veía una oportunidad de beneficiarse con una rápida reventa de la propiedad.

"Puede que sí", dijo, y empezaron nuestras negociaciones. Y al poco tiempo, mi familia y yo estábamos entrando por la puerta principal de aquella casa, una de las primeras familias de color del barrio.

A medida que mi consultorio se expandía, pude contratar a excelentes gestores y contables que mantuvieron el negocio en marcha, y a médicos que cubrieron la atención clínica, liberando así mi propio tiempo. Como resultado, me involucré activamente en la vida y la educación de mis hijos. Exigimos que cada uno de ellos practicara dos deportes, razonando que hacerlo no solo establecería hábitos saludables, sino que les enseñaría a ser competitivos y a jugar en equipo, esforzándose al máximo. Elise jugaba al fútbol y al tenis, y Anthony y Nicole al fútbol y al baloncesto.

Asistíamos a todos y cada uno de los partidos que jugaban, y yo programaba mis horas clínicas en función de sus horarios deportivos. Si el partido era a las 3 p.m. en una ciudad lejana, me iba del trabajo temprano y los llevaba al partido. Nunca nos perdíamos un partido, y aun así pude seguir atendiendo a todos mis pacientes.

Pero el deporte era lo segundo después de la escuela, y allí tenían que sacar buenas notas. Todos iban a un colegio privado, uno de los mejores y más agradables de la zona, con un cuerpo docente excelente, clases reducidas y los mejores recursos a su alcance. Insistí en que siempre fueran dos años por delante de su clase. Si entraban en primero grado, tenían que estar haciendo trabajos de tercero el verano anterior. Yo los ayudaba a estudiar, con los deberes, y también jugábamos a cosas como *Brain Quest* para poner a prueba sus conocimientos y mantener al estudio divertido.

Aunque me planteé criarlos de forma bilingüe, no quería crear demasiada complejidad en sus vidas, dado lo activos que ya eran todos. Además eran mestizos, pero no quería niños híbridos, con un pie en la India y otro en América. Quería que fueran los mejores estadounidenses que pudieran ser; y lo fueron. Fueron excelentes estudiantes, muy brillantes; se portaban bien y eran muy amables y atentos.

Desde el momento en que nos mudamos a High Point me dije a mí mismo que nos uniríamos al club de campo. No solo era un símbolo de estatus importante para mí, porque significaba que pertenecía a él, sino que el club de campo también proporcionaba una importante red de líderes empresariales y comunitarios y otras personas que podían lanzar o destruir una carrera. Dada mi experiencia con la comunidad médica, sabía que no debía intentar ingresar de inmediato. Tenía que suceder en el momento oportuno.

Ahora, con mi consultorio establecido, había llegado el momento. Iba a unirme al club más prestigioso de la ciudad, aunque fuera un club que no me aceptara.

Por lo que yo sabía, nunca se había admitido a ninguna persona de color en el High Point Country Club desde su inauguración en 1923. Aunque varios lo habían solicitado, todos habían sido rechazados. Me proponía cambiar eso. Pero tenía que abordar la solicitud de ingreso de una manera que no fuera rechazada.

El High Point Country Club tenía dos sedes, la del centro de Emerywood, junto a nuestra casa, y la de Willow Creek, a unos kilómetros, con un entorno más campestre. Yo quería unirme a los dos. Por aquel entonces tenía un buen amigo que era un influyente hombre de negocios blanco. Nos habíamos conocido cuando era mi paciente, pero nos llevábamos bastante bien y compartíamos un interés mutuo por los negocios. Si bien yo era nuevo – aunque ya próspero –, él era un pilar bien establecido de la comunidad y bastante rico. Como tal, tenía una influencia considerable entre la élite de High Point.

Un día vino a verme y abordé el tema del hacerme miembro del club de campo. "Voy a lograrlo", le dije, con gran confianza en mí mismo.

"Sentémonos", me dijo. Su tono dejaba en claro que, más allá del éxito que yo había conseguido, quizá estaba más seguro de mí mismo de lo que debería. Entrar en el club no sería fácil.

Discutimos el asunto mientras disfrutábamos unas copas.

"Creo que vas a crear muchos problemas cuando hagas eso", me dijo. Me puse en guardia al instante: ¿me estaba diciendo mi buen amigo que no cruzara esa línea? Pero antes de que pudiera decir nada en mi defensa, añadió: «No hagas nada. Deja que yo me ocupe. Pero quédate quieto. No hagas nada».

Nunca se me ha dado bien no hacer nada, ya que toda mi vida había sido el resultado de tomar medidas; pero ¡ay!, reconocí otra puerta trasera cuando se me presentó una.

"De acuerdo", dije. "Si crees que puedes conseguirlo, me aguantaré". Cambiamos de tema y disfrutamos de nuestras copas, mientras en lo profundo de mi mente me carcomía la noción de que, por mucho éxito que hubiera tenido, por muchas vidas que hubiera salvado, por muchos amigos que hubiera hecho en la comunidad, seguía yendo por puertas traseras. Todavía me veían primero por el color de mi piel y me juzgaban por mi acento. Sin embargo, sabía que tenía que perseverar. Tenía que ir por otra puerta trasera, porque era la única forma de llegar finalmente a la puerta principal. Y sabía, tan bien como conocía el cuerpo humano, que el espíritu humano no podía ser derrotado mientras nunca perdiera de vista mi destino. Y mi destino era subir tan alto, que me permitiría abrirles puertas a los demás.

Así que acepté esperar y dejar que mi amigo se ocupara de ello.

No tuve que esperar mucho, porque al día siguiente se presentó con una solicitud para el club de campo. Tras ayudarme con algunas preguntas, me la dejó para que la completara. Al principio, las preguntas eran estándar – mi nombre, dirección, edad, estudios, profesión, estado civil –, pero luego vinieron las preguntas capciosas. ¿Cuáles son mis aficiones? Si hubiera dicho jugar a los bolos, lo habrían descartado. Afortunadamente, podía decir con confianza que jugaba al tenis. Enumera mis referencias bancarias. Bien, ya está. Entonces llegó la gran pregunta: ¿cuántas generaciones de mi familia habían vivido en Carolina del Norte? Sabía lo que eso significaba. Y por último, ¿cuál era mi motivo para unirme?

Pasé las dos noches siguientes respondiendo a las preguntas tan honrada y juiciosamente como pude; y al tercer día la firmé y se la devolví a mi amigo. Luego, en lugar de presentar la solicitud directamente al comité de admisiones, se pasó las dos semanas siguientes visitando las casas de cada uno de los miembros del comité. Una vez allí, no mencionaba que había visto a otros miembros del comité, ni que pensaba hacerlo. Él apeló al sentido del honor individual de cada uno, hablando muy bien de mí y de todo lo que tenía que aportar a la comunidad. Y cada vez, salía con su compromiso firmado de admitirme.

Cuando el comité de admisiones celebró su reunión trimestral y mi amigo presentó mi solicitud, esta no podía ser denegada porque todos los miembros habían firmado su compromiso de admitirme. Aun así, no me admitirían hasta que hubiera superado la entrevista en persona. Quedé con ellos para tomar el té de la tarde, y fue entonces cuando me acribillaron a preguntas sobre mi genealogía. ¿Quiénes eran mis abuelos? ¿De qué tipo de familia procedía? No querían oír hablar de la familia buena y cariñosa de la que procedía. Querían conocer mi herencia aristocrática. Y eso era algo que yo no podía darles.

En lugar de eso, tras hablar un poco de la talla de mi abuelo en nuestra comunidad, pasé del pasado al futuro y hablé del legado que pretendía dejar a nuestra comunidad: el centro médico que había puesto en marcha, ampliando mi consultorio para añadir más edificios de última generación, haciendo del Centro Médico Bethany un lugar acogedor y abierto para todos.

Tras horas de entrevistas y días de espera, mi familia y yo fuimos admitidos en el club de campo, y pronto nos siguieron otras personas de color... por la puerta principal.

PARTE V

A TRAVÉS DEL PODER
DEL PERDÓN

*"La fuente última de la felicidad no es el dinero
ni el poder, sino la calidez
de corazón".*

Dalai Lama

CAPÍTULO 13

Algo que no debe ser negado

Mientras nos instalábamos en Emerywood en los noventa y criábamos a nuestros hijos pequeños, yo estaba a cargo del manejo de nuestra creciente cartera inmobiliaria, e incluso había abierto una modesta empresa de construcción. Mi negocio médico prosperaba, en gran parte gracias a los cuatro pilares que había establecido: atendíamos a cualquiera que entrara por nuestras puertas; ampliamos nuestro horario para incluir las primeras horas de la mañana y de la noche; abríamos los siete días de la semana y no era necesario pedir cita. Incluso sin cita previa, atendíamos a cualquiera en menos de treinta minutos desde su llegada a nuestros consultorios.

Esos cuatro sencillos conceptos hacían imposible que otros compitieran sin hacer lo mismo, y mis competidores no querían hacer lo mismo. Limitaban sus pacientes a los que estaban asegurados, y la mayoría mantenía un horario comercial. Eso significaba que yo estaba ocupado atendiendo a quienes los demás no atendían.

Pero el problema que me había perseguido durante toda mi vida persistía: ser una minoría. En la India, era una minoría como cristiano. En Inglaterra y Estados Unidos, era una minoría como indio. Una vez que nos trasladamos al sur, esa condición de minoría se hizo aún más importante para la forma en que mi familia y yo éramos vistos en la comunidad. No tenía ningún interés en enzarzarme en batallas personales o judiciales, ni en dificultar la vida de los demás. Solamente quería que me trataran con respeto y que mi familia también lo fuera. Tenía el corazón hecho trizas por la forma en que nos rechazaban y menospreciaban a mis hijos y a mí, pero sabía que solo había una respuesta correcta y verdadera; tenía que perdonarlos.

Desde pequeño, mi madre y mi abuelo me habían inculcado el poder del perdón y enseñado que perdonar a quienes nos hieren es un principio central del cristianismo; pero perdonar acciones tan aborrecibles no es fácil. Aun así, sabía que la única forma de ganarse el respeto de quienes nos despreciaban era perdonarles sus pecados. No iba a irme de la ciudad ni a luchar contra ellos. Iba a perdonarlos; además, sabía que si lo hacía, algún día entrarían en razón. Entonces recé con todas mis fuerzas para perdonarles su falta de comprensión.

Cuanto más se resistían al cambio, más rezaba. Luego, lenta mas constantemente – como un milagro –comencé a sentirme menos enfadado y más compasivo el objetivo primordial de mis oraciones se centraba más en perdonarlos. Y lo que es más importante, a medida que los perdonaba, el poder de Cristo llegaba a sus almas y su resentimiento disminuía poco a poco; con el tiempo, mi familia y yo fuimos ganando aceptación en esa misma comunidad que durante tanto tiempo nos había rechazado.

El resultado de esa aceptación empezó a afectar todos los ámbitos de mi vida. Mis beneficios se dispararon y me paulatinamente me convertí en un actor importante en los sectores empresarial y sanitario de High Point. Gracias a ese éxito, por fin comenzaron a abrirse puertas. Es cierto que había muchos que seguían resentidos o desconfiaban de mí: me resentían por mi éxito o desconfiaban de mí por mis orígenes indios. Pero muchos se estaban dando cuenta de que tenía talento para los negocios y para ganar dinero, y querían subirse a ese tren. Me pareció bien que lo hicieran, porque yo sabía que formar alianzas en la comunidad empresarial beneficiaría a todos, incluidos aquellos a los que servíamos en la zona de High Point.

Fue hablando con cuatro de estos socios de la comunidad empresarial cuando me di cuenta de que lamentaba las escasas opciones bancarias de la zona de *Piedmont Triad*[7].

Dado que yo mismo había sido discriminado por el principal banco de la zona, sabía que debía de haber mucha gente en la zona que anhelaba una alternativa. ¿Podría aplicar mi filosofía del acceso a la atención médica al sector bancario? ¿Podríamos hacer la banca más accesible a quienes no estaban siendo atendidos por los banqueros existentes en la zona?

Estaba claro que no era algo que pudiera hacer yo solo. Tampoco podía hacerlo ninguno de mis colegas de alto nivel. Pero juntos nos dimos cuenta de que era posible abrir un banco más inclusivo. Cada uno de nosotros tenía recursos económicos; pero lo que es más importante, todos teníamos recursos sociales. Y así fue como en 1990, mientras luchaba por entrar en el club de campo, empezamos a recaudar fondos para poner en marcha el Banco de Carolina del Norte.

Iniciamos el programa de recaudación de fondos con el objetivo de reunir 11.000.000 de dólares. Aunque tal vez fuera un objetivo bastante grande – sobre todo en los años noventa, cuando había tantas quiebras de bancos de ahorro y préstamo –, sabíamos que podríamos lograrlo. Y, efectivamente, no tardamos en conseguir el compromiso de varios inversores locales que reconocieron el potencial de un banco rival en la zona de High Point. De hecho, nuestros esfuerzos tuvieron tanto éxito que pronto llamamos la atención del High Point Bank and Trust, los mismos que no me habían concedido el préstamo para mi negocio. Del mismo modo que habían intentado bloquear mi éxito en la medicina al no concederme

---

[7] Zona que abarca las tres principales ciudades de la zona: Greensboro, Winston-Salem y High Point.

un préstamo, también se propusieron bloquear nuestro éxito en la banca. Por supuesto que esta vez el motivo era comprensible: íbamos a competir directamente con ellos.

Se convocó una audiencia ante la comisión bancaria, en la que el High Point Bank and Trust argumentó que no había necesidad de otro banco comunitario en High Point. Dada su gran influencia en la comunidad, no fue ninguna sorpresa que la comisión bancaria les diera la razón y denegara nuestra solicitud de abrir un banco en High Point.

Y nuevamente, en lugar de aceptar la derrota, decidimos buscar una puerta trasera. Esa puerta trasera estaba en la ciudad vecina, Thomasville, otra ciudad fabricante de muebles. Aunque los cimientos económicos de la ciudad se basaban en los muebles de calidad que producían, no había ningún banco comunitario en la ciudad; entonces solicitamos abrir uno allí, y no tuvimos ningún problema para que ella fuera aceptada. Así, con nuestros activos colectivos – y los de nuestros inversores –, en 1991 abrimos el Banco de Carolina del Norte, no en ningún impresionante rascacielos sino en una caravana estática en Thomasville. Me incluyeron en el consejo de administración, fui nombrado presidente del comité de préstamos y me convertí en el mayor accionista individual. Por fin estaba en el círculo íntimo de la comunidad empresarial de la Tríada.

En nuestros primeros días, cuando empezamos a aprobar préstamos desde aquella caravana estática, construimos nuestro primer banco; utilizamos mi empresa de construcción y aprovechamos mi experiencia en la construcción de mi consultorio médico, así como las lecciones que había aprendido – décadas atrás – cuando supervisé la construcción de la casa de mis padres. Aunque la escala era mucho mayor, aquellos fundamentos básicos que aprendí para convertir una visión en realidad, seguían siendo tan válidos para el edificio del banco como lo había sido para aquella humilde casa. Los materiales de calidad, un diseño bonito y una estrecha supervisión de los gastos eran esenciales.

Una vez abierto el banco, nuestro negocio despegó. Tuvimos mucho apoyo local, lo que ayudó a establecer la confianza en la comunidad. Contratamos a gente para manejar el banco en el día a día, pues todos teníamos otras profesiones; sabíamos que estábamos en buenas manos. También hicimos publicidad, y pronto tuvimos a mucha gente depositando dinero con nosotros, factor que nos hizo crecer rápidamente. Una vez establecidos, trasladamos nuestra sede a High Point; porque, aunque nos impidieron empezar allí, una vez que un banco está establecido puede trasladarse donde quiera. Así que, nos gustara o no, el High Point Bank and Trust por fin tenía competencia, ¡y qué placer me daba saber que el banco que me había rechazado ahora tenía que competir conmigo por su propio negocio!

A partir de ahí nos convertimos en un banco con sucursales por todo el estado, y pronto nos expandimos a Carolina del Sur y Virginia. A finales de la década, teníamos sucursales en tres estados y sesenta ciudades diferentes. Fue una hazaña asombrosa, la cual me puso en un curso acelerado de finanzas. Tomé clases a distancia de la Wharton School of Business – y otras – para comprender mejor el sector bancario; también leí una montaña de libros y artículos sobre el tema; asistí a todas las reuniones, conferencias y encuentros de asociaciones que estuvieran relacionados con la banca que pude encontrar. Pronto, sabía tanto de finanzas como de medicina.

Durante los cinco primeros años celebramos las reuniones del comité de préstamos en mi consultorio médico. Eso me ahorraba tener que hacer un viaje extra, y a esas alturas, cada hora ahorrada era tiempo aprovechado al máximo.

Mi toma de decisiones en asuntos relacionados con la gente siempre me había servido de mucho. Tuve la suerte de que ciertas personas adecuadas entraron en mi vida justo cuando las necesitaba. El Sr. Joseph me alojó en aquella primera mudanza a Londres. Sir Gray me había proporcionado un trabajo prestigioso en Londres y la entrada a la escena social londinense, que me presentó a los actores clave de mi carrera en una fase temprana. El banquero que conocí y que me invitó a asistir a su curso de planificación financiera me puso en la senda de la riqueza. El Dr. Chiles hizo posible que abriera mi consultorio en High Point, y Don Bulla, el asistente médico que contraté al principio, sigue conmigo hoy, después de treinta y dos años. Don toma gran parte de mi carga de trabajo, cosa que me ayuda a centrarme en contratar y formar a nuevos médicos, y a manejar el negocio.

Además de criar a nuestros hijos, Janice y yo seguimos trabajando en el sector inmobiliario y gestionando nuestras propiedades de alquiler, aumentando nuestras propiedades comerciales. Nuestra vida, en otras palabras, era una vorágine de actividad; pero una actividad que se volvía apasionante a medida que tomábamos más retos y ampliábamos nuestras inversiones e intereses más allá de High Point.

Mientras nuestra vida profesional e inversiones crecían, y nos acomodábamos a nuestra vida en High Point, donde criábamos a nuestros hijos, mi primogénita Shirin se había criado en Inglaterra al cuidado de su abuela, que estaba envejeciendo. La visitábamos tan a menudo como podíamos, y ella empezó a visitarnos en Estados Unidos; y aunque nuestro vínculo era lo más estrecho posible dada la distancia que nos separaba, era duro tenerla tan lejos. Cada vez me resultaba más claro que Shirin necesitaba estar con su hermano y sus hermanas en High Point; y así fue que cuando pudo tomar su propia decisión, vino a vivir con nosotros.

Encajó a la perfección en el seno familiar de inmediato, y tanto ella como su hermano y sus dos hermanas se llevaban de maravilla. Shirin, que recibió una buena educación en Inglaterra y había sido bien criada por su abuela, era tan inteligente y educada como sus hermanos. y le fue excelente en el colegio privado (de solo mujeres) al que la enviamos. En resumen, nuestra vida familiar era tan próspera como nuestra vida profesional, y sumamente demandante.

Con nuestra familia y mi negocio médico manteniéndonos ocupados pero felices, el negocio bancario empezó a crecer más allá de nuestras expectativas. Nos habíamos convertido en un banco regional, así que cambiamos de nombre para reflejar esa expansión. El Banco de Carolina del Norte se convirtió entonces en BNC Bancorp. Hicimos crecer el banco hasta alcanzar los 9.000 millones de dólares en activos, con oficinas en numerosas ciudades y pueblos de Carolina del Norte, Carolina del Sur y Virginia.

Al salir de la crisis financiera de 2008, BNC Bancorp se encontraba en una excelente y solvente posición. Abrimos muchas oficinas nuevas y compramos varios bancos. Fue entonces cuando, para mi satisfacción, pudimos comprar High Point Bank and Trust, el banco que veinticinco años atrás había denegado mi primer préstamo en High Point. Enseguida cambiamos su nombre por el de BNC Bancorp.

También nos fusionamos con Pinnacle Financial Partners, con sede en Tennessee, y nos convertimos en un banco de cuatro estados. Habíamos tomado un riesgo al abrir aquel primer banco, y dicho riesgo había merecido la pena. Sin embargo, el negocio bancario tuvo tanto éxito que ya no era posible seguir desempeñando mi función como médico y gestionar mi consultorio y todas mis otras obligaciones. Había llegado el momento de abandonar el consejo del banco. Estaba preparado para emprender nuevas aventuras, que me llevarían a la Casa Blanca y de vuelta a la India, donde tendría que llevar a cabo el trabajo más importante de mi vida.

CAPÍTULO 14

Llamado a servir

Cuando Bill Clinton y Al Gore trajeron su autobús de campaña a Carolina del Norte en 1992, yo estaba ansioso por involucrarme. Después de todo, cuando era niño la actividad política y la influencia de mi abuelo en Kerala me habían infundido un profundo sentido del compromiso cívico y la creencia de que podíamos hacer del mundo un lugar mejor con nuestras acciones. Ese fue el espíritu que abracé cuando me involucré en la recaudación de fondos para la campaña de Clinton, sin la expectativa de que, al hacerlo, encontraría mi camino hasta la mismísima Casa Blanca.

La invitación para la fiesta de navidad con los doscientos y pico de invitados llegó mediante una llamada telefónica, seguida de seis semanas de espera para obtener mi autorización de seguridad. Me guiaron paso a paso, hasta que un día me dijeron que me habían dado la autorización y enviado una credencial que me permitiría entrar. Nos dijeron dónde nos alojaríamos: en un hotel próximo a la Casa Blanca, donde también se quedarían todos los demás invitados. Cuando llegó la hora del acto, fuimos caminado hasta la Casa Blanca, pasando por un detector de metales tras otro antes de que nos escoltaran rumbo al salón de baile East Room para los festejos.

Aquella primera noche en la Casa Blanca estaba asombrado. Estaba impresionado de cuán lejos mi vida me había llevado; y en aquel entonces no tenía ni idea de que esa sería la primera de muchas invitaciones al Capitolio de EE.UU., de tres presidentes distintos y dos partidos políticos diferentes, cimentando mi condición de VIP en mi amado país adoptivo. A partir de entonces, mantuve mi interés por la política como centrista, apoyando a distintos presidentes.

Cuando regresé a High Point después de aquel primer evento en la Casa Blanca, supe que había llegado el momento de utilizar mi dinero y éxito para devolver algo a los que no habían sido tan afortunados como yo. Para entonces, era más rico de lo que jamás había imaginado.

Todos los negocios que había creado habían sido rentables y todas mis oraciones fueron escuchadas. Tenía una familia maravillosa. Era un médico exitoso. Había creado una próspera clínica médica, una lucrativa empresa inmobiliaria y un banco que se expandía rápidamente. Pero sabía que Dios quería más de mí. Dios no me había bendecido con tanta riqueza y éxito solo para mi propio beneficio. Había llegado el momento de volver a la India e invertir mi riqueza donde realmente importaba: en los niños que, como yo, habían nacido en la pobreza y anhelaban un futuro que merecían.

Ya había visitado la India muchas veces desde que llegué a Estados Unidos, y llevamos a la familia de vacaciones por todo el mundo. Mis hijos estaban creciendo, y no solo apreciaban el lugar que les correspondía en Estados Unidos – su hogar natal – sino el lugar que les correspondía como ciudadanos del mundo. Sin embargo, a pesar de todos nuestros viajes, mi alma siempre regresaba a Carolina del Norte y a High Point, no a mi tierra natal.

Décadas habían pasado desde mi partida de la India, y no tenía ningún deseo de volver a vivir allí. Sin embargo, una pregunta me carcomía con creciente intensidad. ¿Por qué había nacido en la India? ¿Cuál era mi propósito allí? Al igual que había una razón para mi éxito, sabía que también habría una que explicara mi nacimiento en la India; aunque siempre me había sentido incómodo en ese entorno, como si realmente no perteneciera a él. La forma en que siempre he actuado – mi forma de pensar, mi propia naturaleza – no era muy india en absoluto. Mi forma de ver las cosas, y de comportarme, era mucho más occidental y cosmopolita. Sin embargo, nací en aquella tierra mística donde la pobreza y el hambre iban de la mano de una cultura de celebración. De todos los lugares de la tierra, ¿por qué Dios había encendido mi vida en la India?

Necesitaba hacer algo. No podía simplemente abandonar la India, aunque volver a vivir allí no era una opción. Estaba claro que Dios había dispuesto que abriera los ojos por vez primera en Kerala. Ahora que estaba en Carolina del Norte, quería que volviera a abrir los ojos. Dependía de mí devolver una parte de las bendiciones a la tierra donde nací.

Podría haber extendido un cheque a United Way o a alguna otra organización benéfica y sentirme bien por ello. Podría haber hecho un donativo a una universidad local, como hace tanta gente. Pero sentí que necesitaba hacer algo más profundo, algo más significativo y duradero, en lugar de limitarme a enviar una serie de cheques.

También me sentí obligado a hacer algo por mi fe. Como parte de la minoría cristiana en la India, sentí la llamada a compartir mis bendiciones con otros cristianos de allí. Estos dos pensamientos – hacer algo significativo y duradero, y al mismo tiempo compartir mis bendiciones con otros cristianos de Kerala – se fusionaron en mi mente durante semanas, hasta que llegué al punto en que supe que tenía que volver a la India y buscar una respuesta. Sabía que si buscaba la respuesta, Dios me encaminaría.

El avión aterrizó en el aeropuerto de Trivandrum. Pasé por la aduana y saludé a mi hermano George y a mi hermana Gladis, que me estaban esperando. Condujimos hasta la casa de George en Kerala y nos pusimos al día en todo lo referido a nuestras vidas. George se había casado, tenía hijos y estaba bien establecido en su carrera de administración educativa; Gladis estaba felizmente casada con el médico que habíamos encontrado para ella, y acababa de regresar a la India tras vivir varios años en África. Como siempre, el visitar a mi familia y antiguo hogar era un regalo precioso; pero esta vez no estaba allí para socializar... tenía trabajo que hacer.

Me reuní con el sacerdote del santuario de san Antonio y le expliqué mi deseo de ayudar al pueblo de Kerala. Su cálida sonrisa me dijo que había acudido al hombre adecuado.

"Dios te ha enviado a nosotros, Lenny", me dijo mientras servía un té humeante de una tetera de plata. Se sentó en su silla y continuó mientras sorbíamos la reconfortante bebida. "Hay muchos niños aquí en Kerala, niños como tú fuiste una vez: brillantes, curiosos, juguetones. Pero, a diferencia de ti, no tienen futuro. Algunos tienen padres que no pueden cuidar de ellos; otros han perdido a sus padres por enfermedad o accidente. Los acogemos y cuidamos en un orfanato cercano, pero no tenemos recursos para proporcionarles mucho. No podemos permitirnos darles la educación que sus mentes merecen. Es más, el solo hecho de proveerles ropa y alimentarlos se nos hace cuesta arriba. Si pudieras ayudar a estos niños huérfanos, Dios te bendeciría aún más de lo que ya lo ha hecho. ¿Puedo llevarte allí?"

Respondí a su sonrisa con la mía. No se me ocurría mejor forma de retribuir a Dios que ocupándome de sus niños huérfanos. Terminando mi té, le dije al sacerdote: "Me encantaría conocer a estos niños y saber más".

Concertamos una visita al orfanato para el día siguiente. Llegué puntualmente; tan deseoso estaba de conocer no solo a estos desdichados niños, sino también mi propio futuro.

Mi chófer nos llevó por una carretera ventosa a través de las exuberantes y hermosas colinas de Kerala, hasta que llegamos a un modesto edificio azul y amarillo adornado con una estatua de la Madre María. Sobre la puerta había un cartel en el que se leía

Jayamatha Boys Home. Un grupo de chicos jugaba al fútbol en el patio, lo que en América llamamos *soccer*. Sus risas eran refrescantemente musicales, pero se silenciaron rápidamente cuando vieron llegar el reluciente auto con chófer del que salimos el sacerdote y yo.

Al instante, me vi rodeado por las caras curiosas de los chicos, que, en lugar de pedir limosna como en la ciudad, se mostraban educados y amables. Sin embargo, no pude evitar darme cuenta de que eran realmente pobres y de que sus ropas eran harapientas y no les quedaban bien de tamaño. Supe al instante que cualquier ayuda que les ofreciera sería bien empleada.

Fuimos dentro, donde me reuní con el administrador, un sacerdote jesuita, y le hablé de la escuela de mi abuelo y de los buenos recuerdos que tenía de sus esfuerzos por ayudar y educar a la juventud de Kerala. Después de discutir algunos detalles mientras vaciábamos otra tetera, me mostraron el edificio y me presentaron a las monjas y monjes que enseñaban a los niños; también conocí a los propios niños, que en su mayoría soltaban risitas o escondían tímidamente la cabeza. El saber que podía poner mi riqueza al servicio de una causa tan noble me conmovió y me transformó al mismo tiempo.

"Les diré una cosa", dije tras una larga conversación sobre sus necesidades (que eran grandes) y sus activos (que no lo eran tanto). "Puedo darles el apoyo financiero que necesitan y ayudarlos a ampliar sus servicios".

Su alegría fue incontenible. "Dr. Peters, ese sería un generosísimo regalo. Muchas gracias, y que Dios te bendiga", dijo el sacerdote, mientras otros allí reunidos también se unían a su gratitud.

Me entusiasmó la idea de poner mi riqueza al servicio de una causa tan noble, pero al mismo tiempo quería estar seguro de que mi dinero se gastaría bien. Así que añadí: "A cambio, pediría algunas cosas".

"Estaremos encantados de escucharte", dijo el sacerdote. Me di cuenta de que se mostraba a la vez cauto y entusiasmado. Continué.

"Quiero participar en el manejo de la escuela", dije. "No quiero interferir en el buen trabajo que están haciendo, pero me gustaría poner a alguien a supervisar las finanzas y asegurarme de que está bien organizado".

Vi cómo se movía incómodo en su asiento, sin duda preocupado por perder el control de su escuela; pero esa no era en absoluto mi intención. Podía seguir dirigiendo la escuela, pero con el dinero que yo estaba dispuesta a invertir, quería cierta supervisión fiscal. Necesitaba saber que el dinero no se gastaría frívolamente.

"Quiero que contraten a más empleados y amplíen su alcance por todo Kerala. Y quiero que todo lo que hagamos sea duradero. Así que me comprometo a financiar su programa durante toda mi vida, y treinta años después de mi muerte".

Las sonrisas que irradiaban del rostro de cada sacerdote y monje lo dejaron claro: teníamos un trato.

Con la ampliación de la Escuela para niños Jayamatha, mi vida cambió para siempre. Pude convertir un orfanato en dificultades en una comunidad vibrante que atendía las necesidades de quienes más lo necesitaban. También estaba devolviendo algo a Dios, ya que introdujimos el cristianismo entre estos desafortunados niños. Sin embargo, no los convertimos; ni siquiera exigimos que sean cristianos. Tomamos niños de todos los credos. Pero los educamos en un entorno cristiano, para que cuando lleguen a la adolescencia puedan tomar la decisión de convertirse o no por sí mismos.

El objetivo de los hogares no es solo dar a los niños un hogar y educación, sino también formarlos en un oficio para que, cuando salgan del hogar, puedan encontrar trabajo. Pero no se los obliga a irse cuando cumplen dieciocho años. Si necesitan quedarse unos años más, pueden hacerlo; no hay ninguna urgencia. Queremos que estén seguros y preparados para el mundo. Y nos damos cuenta de que algunos niños son más lentos que otros a la hora de adquirir su independencia, por lo que necesitan más tiempo.

Lo mejor de todo es que, desde que me involucré, uno de cada diez de esos niños ha ido a convertirse en misionero cristiano; lo cual es la máxima recompensa a mis ojos, pues he ayudado a difundir la palabra de Jesucristo a través de estos maravillosos hogares para niños huérfanos.

Pero cuando empezamos a ampliar la escuela aquellos primeros días, solo había un problema: enviar dinero a la India no era fácil. El complejo sistema financiero para enviar o recibir dinero había sido durante años una fuente de frustración, pues yo enviaba dinero a mi familia con regularidad. Y aunque quería participar en la supervisión de cómo se gastaba mi dinero, no deseaba estar allí gestionándolo ni tener que ocuparme de abrir cuentas a mi nombre solamente para asegurarme de que el orfanato recibiera el dinero. Quería crear una fundación que proporcionara el marco para financiar el orfanato. A través de una fundación, podría enviar dinero fácilmente a la India sin perder el control sobre él. Pero, de nuevo, había un problema: yo ya estaba bastante ocupado y no tenía tiempo para dirigir una fundación; necesitaba a otra persona que la gestionara. Y tenía a la persona adecuada en mente.

Gladis y su marido habían pasado gran parte de su vida de casados criando a sus hijos en África, donde él tenía un consultorio médico, y viajando por todo el mundo. Ahora que sus hijos eran mayores, ella estaba dispuesta a sentar cabeza y se había jubilado anticipadamente, mientras que su marido había reducido su consultorio a tiempo parcial. Tenían una buena posición económica – no solo eran propietarios de Bethany, la casa que yo había construido para mis padres y que les habíamos legado a ella y a su marido como parte de su dote –, sino que también tenían una casa en la ciudad, un par de coches y un par de criados. Eran acomodados para los estándares indios, pero no ricos para los estadounidenses. Necesitaba una persona brillante y capaz en la que pudiera confiar para dirigir la fundación, y Gladis era precisamente esa persona.

Así que un día le dije: "Quiero que trabajes para mí".

Como respuesta, se rio. "Lenny", dijo, en un tono que daba a entender que le había pedido que me limpiara la casa, "¡no quiero trabajar! ¡Y no necesito el dinero! Disfruto de la vida y me mantengo ocupada. ¿Por qué querría volver a trabajar?"

Ahora me tocaba a mí reírme. "¡No he dicho que vaya a pagarte, Gladis! Solo tienes que trabajar para mí. Todo el mundo necesita un propósito. Tienes que justificar tu existencia. Piensa en lo que significaría ayudar a esos niños".

Quizá se sintió ofendida por mi franqueza al insinuar que tenía que justificar su existencia, pero era cierto. Gladis era una mujer maravillosa, con mucho que dar. El tener sus dones y no dedicarlos a mejorar el mundo – cosa que yo sabía que en el fondo ella quería hacer – parecía francamente un desperdicio. Habíamos estado muy unidos durante toda nuestra vida, así que sabía que su amor por mí la ayudaría a tomar la decisión correcta.

"Está bien", me dijo. "¿Qué quieres que haga, Lenny?".

"Quiero que seas la presidente de la Fundación Lenny Peters en la India y que la dirijas por mí", respondí. No solo le estaba pidiendo ayuda: le estaba ofreciendo una oportunidad que sabía que aprovecharía, a pesar de su reticencia inicial a volver a trabajar.

No tuve que esperar su respuesta. El orgullo dibujado en su rostro me lo dejó en claro. "De acuerdo, lo haré", dijo, y con esas palabras empezó nuestro trabajo.

Una vez que mis abogados y contadores hubieron establecido la fundación en Estados Unidos, Gladis tomó las riendas y nos expandimos a la India. Reclutó empleados y voluntarios, y aunque no pagábamos mucho, no tuvimos problemas para encontrar a personas con titulaciones superiores que se nos unieran, algunas incluso renunciando a empleos bien pagados para sumarse a nuestra causa. La Fundación Lenny Peters se creó con un propósito, lo que significa que todos los que vienen a trabajar para nosotros están motivados por esa intención más que por las recompensas económicas.

Una vez que tuvimos un núcleo de personas capacitadas, empezamos a hablar con todos los sacerdotes, monjes y monjas que pudimos, quienes también se unieron a nosotros con entusiasmo; algo que nos permitió ampliar nuestra misión por distintas parroquias, encontrando niños que necesitaban alojamiento y educación, así como adultos necesitados de atención médica o ayuda económica. Por supuesto, como en cualquier esfuerzo nuevo, cometimos errores. Al principio distribuimos medicamentos, comida y ropa, pero descubrimos que la ropa no siempre les quedaba bien, y la comida a menudo no se podía comer porque requería cocción y no tenían medios para cocinar; se desperdiciaba demasiado. Así que al final nos dimos cuenta de que si les dábamos un sobre con dinero en metálico, podían conseguir lo que necesitaban y el problema del despilfarro quedaba resuelto. La gente que no tiene suficiente para comer o que está enferma, no derrocha su dinero. Primero satisfacen sus necesidades. Y ese era nuestro objetivo.

A medida que la fama de la fundación aumentaba, también lo hacía la necesidad. Pronto nos extendimos por toda la región; nuestros voluntarios viajaban a aldeas remotas y, con la ayuda de las parroquias y los sacerdotes locales, encontraban a personas moribundas o necesitadas de atención sanitaria. Queríamos que supieran que había gente que se preocupaba por ellos. Para esas personas, no nos limitamos a dispensarles dinero. Nuestros voluntarios pasan tiempo con ellos en sus casas, les hacen compañía, los ayudan cuando lo necesitan y, a veces, simplemente los escuchan.

También organizamos un programa de oración, en el que un sacerdote o una monja visitaban a alguien gravemente enfermo y rezaban por él. Ese programa resultó muy eficaz, porque el simple acto de rezar expresa amor incondicional y brinda esperanza a quienes más la necesitan.

Un tiempo después establecimos un orfanato para niñas, algo que fue uno de los pasos más importantes. El orfanato de la Madre Teresa estaba solo a unos tres kilómetros de distancia, razón por la cual no establecimos uno inicialmente. En la India, sería inaudito alojar a los niños y a las niñas juntos, y como ellos ya sabían vigilar y cuidar a las niñas, nos pareció mejor que siguieran haciéndolo mientras nosotros cuidábamos de los niños. Pero cuando hubo un edificio disponible, lo renovamos y convertimos en un bonito edificio moderno. Una vez que adquirimos la suficiente experiencia, teníamos más confianza en el cuidado de las niñas; y quedó claro que, a pesar de todos los esfuerzos del orfanato para niñas de la Madre Teresa, se necesitaban aún más apoyos. Había demasiadas niñas que necesitaban un hogar y educación. Entonces fundamos el Hogar para niñas Lenny Peters.

El bautizar el hogar con mi nombre no fue para presumir, sino con la intención de darle un sello distintivo a la organización benéfica; y también para asegurarme de que, si solicitaba donativos para la escuela, la gente supiera que no se trataba de una iniciativa abstracta y lejana. Si pedía donativos para una organización que llevaba mi nombre, la gente sabría que podía confiar en que su donativo sería bien invertido. Y mis hijos y nietos también estarían más dispuestos a apoyar la escuela después de mi muerte, si llevaba el nombre de nuestra fundación.

Había visto éxitos y fracasos en ese sentido con mis amigos, cuyos hijos no mostraban interés en continuar las buenas obras de sus padres. Pero cuando el nombre de una familia está unido a una causa, es más probable que los hijos tomen interés por ella. Por eso, al bautizar nuestro orfanato de niñas como Lenny Peters Home for Girls, confié en que ellas, no obstante el camino que fueran a tomar después de mi muerte, tendrían un interés personal en que el hogar siguiera funcionando. No podría haber pedido un legado más noble.

Aunque siempre había sido generoso con mi patrimonio, con la creación de mi fundación y el establecimiento del hogar para las niñas, no solo Gladis tenía un nuevo propósito en la vida: yo también. La tradición cristiana siempre ha hecho de la generosidad de espíritu y material un fundamento, y de la ayuda a los pobres un mandamiento; y cuanto más seguía esos preceptos, más comprendía la sabiduría que había tras ellos y más sentía el toque del Señor. Ese toque se convirtió en abrazo con el paso del tiempo, trayéndome aún más cerca del buen Señor.

Un día tuve la suerte de conocer al arzobispo de la diócesis de Kerala. Llegó con un séquito de asistentes y, tras estrecharme la mano, me invitó a pasar al comedor para tomar el té de la tarde. Cuando nos sentamos, me tomó de la mano. Un momento después, me dijo: "Siento algo". Antes de que pudiera preguntar qué, pidió a su séquito que por favor nos dejara solos durante un par de horas y solicitó que se cancelaran todas sus citas. "Siento algo muy diferente", volvió a decirme una vez se hubieron marchado.

Durante las dos horas siguientes, hablamos del cristianismo con una profundidad y un ímpetu que rara vez había experimentado. Me encontraba en compañía de un hombre verdaderamente santo, y él reconoció claramente en mí también algo del Espíritu Divino. Después de aquel primer encuentro volvimos a vernos varias veces, y me enseñó mucho sobre la historia del cristianismo en la India. Gracias a nuestros numerosos encuentros me hice íntimo amigo del arzobispo; y pronto sentí que siempre contaría con cualquier ayuda que él pudiera prestarme, en caso de necesitarla.

A cambio, hice donaciones a sus conventos y contraté a su hermana como monja principal del Hogar para Niñas. Para entonces, teníamos a cargo cerca de 150 chicos y treinta chicas, al tiempo que proporcionábamos cuidados a otras veinte o treinta personas cada día. Siempre que he necesitado asistencia, el arzobispo ha sido fiel a su palabra y me ha ayudado con cualquier influencia o ayuda que ha podido proporcionarme.

Fue a través del arzobispo que me gané la confianza de todos en toda la región; confianza que resultó inestimable un día en que se nos acercó un grupo de médicos y enfermeras que atendían a enfermos terminales en los últimos años de su vida. Conocían nuestro trabajo y mi estrecha relación con el arzobispo, y confiaban en que podríamos ayudarlos. Su organización estaba desmoronándose, y sabían que necesitaban reestructurar su trabajo o tendrían que abandonar sus esfuerzos.

Los escuché y vi que, efectivamente, estaban entregados por completo a la causa pero desbordados por la tarea que tenían ante sí.

"De acuerdo", les aseguré. "Si están dispuestos a reestructurarlo todo, lo financiaré". Y así nació el Hogar Lenny Peters de Cuidados Paliativos.

El propósito de mi vida había florecido más allá de lo que podría haber imaginado; y es por ello que mi relación con Dios se hizo cada vez más profunda.

⟫ **CAPÍTULO 15** ⟪

El éxito, el exceso y el poder del autoperdón

Los noventa fueron para mí una década de prosperidad y éxito, los cuales continuaron durante el nuevo milenio; todos mis negocios florecían: abrí una nueva clínica en High Point y seguí invirtiendo en la fundación y recaudando fondos para ella. Pero el éxito tiene un precio, y yo lo estaba pagando.

Mis hijos habían crecido y partido a la universidad, y nuestra vida familiar – antes agitada – empezaba a calmarse. Sin embargo, había pasado tanto tiempo trabajando que, cuando nuestros hijos crecieron, quedó claro que Janice y yo nos habíamos distanciado. Aún compartíamos un vínculo y un gran respeto mutuo, pero nuestras vidas habían tomado caminos diferentes. Mi matrimonio sufrió, pues yo me había focalizado completamente en el trabajo. También teníamos visiones distintas para nuestro futuro. Finalmente, en 2007 acordamos divorciarnos; y así fue que, un viernes por la noche, me mudé de la casa de Emerywood a un departamento de dos dormitorios en Greensboro.

Al principio fue descorazonador encontrarme solo en un departamento tan pequeño y genérico, pero estaba decidido a sacarle el jugo a la situación. Aunque nunca había sido muy bebedor o visitado los bares del centro – ni siquiera una discoteca de High Point –, de repente me encontré soltero y dispuesto a disfrutar de una noche en la ciudad. Así que al día siguiente pedí una limusina negra para que me buscara a primera hora de la noche.

El chofer llamó a la puerta justo cuando estaba terminando de prepararme para salir.

Era un joven negro y se presentó como Idris.

"Encantado de conocerte, Idris", le dije. "Llévame a la mejor discoteca de la ciudad", le dije. "¿Qué me sugieres?".

"Bueno, la mejor de la ciudad se llama *Heaven*", respondió Idris. "En South Elm".

"Pues llévame a *Heaven*", le indiqué. No podría haber pedido un comienzo más prometedor para la velada.

Mientras nos dirigíamos a lo que me aseguró que era una discoteca muy popular y de élite, charlamos amistosamente. Tras un rato de conversación, me preguntó: "¿Le importa que le pregunte, señor, cómo ha llegado a tener tanto éxito? No he conocido a muchos menores que hayan alcanzado su estatus aquí. ¿De dónde viene?

En respuesta, le conté un poco la historia de mi vida hasta que nos detuvimos delante del club. "Gracias, Idris", le dije despidiéndome de él. "Que tengas una buena noche".

"Señor", respondió devolviéndome la propina, "estoy tan fascinado por su historia que voy a quedarme aquí. Quiero llevarlo de vuelta a casa".

"No, vuelve a casa", lo animé. "Estaré aquí hasta bastante tarde, estoy seguro de eso".

"No", insistió, "voy a llamar y avisar que termino mi turno. Pero lo esperaré aquí cuando salga".

Era evidente que no podía disuadirlo, así que después de volver a darle la propina y desearle lo mejor, ingresé a la discoteca. Mi chófer tenía razón. El club era espectacular: tres pisos, cada uno de ellos repleto de gente bien vestida.

Pregunté a la anfitriona: "¿Quién es el dueño?".

"Joey es el dueño", me dijo.

"¿Puedo hablar con él? le pregunté.

Una expresión de inquietud iluminó su rostro, sin duda preocupada por si yo iba a quejarme de algo; pero se alejó y, poco después, un hombre relativamente joven, de aspecto elegante y fornido bajó las escaleras y se presentó ante mí como Joey. Le dije quién era y le expliqué que, al igual que él, yo era un empresario local y estaba bastante impresionado con la discoteca que había montado. Me invitó a tomar una copa con él y me enteré de que había entrado en el negocio de las discotecas de forma poco convencional, partiendo de unos orígenes humildes y adquiriendo cuatro clubes nocturnos y restaurantes en la zona de Greensboro. Había tenido tanto éxito transformando el sórdido centro de la ciudad en un popular destino nocturno, que su apodo era el "alcalde del centro de Greensboro". Estaba claro que el "alcalde" tenía un don para los negocios y para hacer que sus clientes se sintieran a gusto.

Joey me dio un tour del club, y era incluso más espectacular que mis impresiones iniciales. La primera planta era un bar tropical de lujo de tipo caribeño que servía coloridos cócteles de ron afrutado en cristalería de buen gusto. No era un bar *tiki*, sino que poseía un auténtico ambiente isleño, con música reggae. En la segunda planta había un restaurante, también de lujo, y en la tercera una discoteca en la azotea con un espectacular bar de martinis. Pasé un rato allí y la experiencia fue genial.

Cuando por fin di por terminada la noche, era casi medianoche. Al atravesar la puerta vi que allí estaba Idris, esperándome tal como había dicho. Me llevó a casa, sin dejar de hacerme preguntas; y cuando estacionó a la entrada del edificio, me dijo: "Señor, quiero dejar mi trabajo y trabajar para usted. No tiene que decirme lo que me pagará. Págueme lo que le parezca conveniente".

Y así fue como dejó su trabajo en la empresa de limusinas; y desde entonces Idris ha sido mi chófer personal de confianza.

Después de todos aquellos años con una familia numerosa y activa, esos primeros días de nuestro divorcio fueron emocionalmente brutales, aunque hice todo lo posible por evitar esas emociones. Mi tristeza se hizo aún más dolorosa con la muerte de mi querida madre en 2008. Poco después de que mis padres se quedaran con nosotros brevemente cuando nos mudamos por primera vez a Carolina del Norte, mi padre murió; entonces mi madre regresó para vivir con nosotros, y llegó a formar parte de la familia tanto como mi mujer y mis hijos. Ahora, sin embargo, ya no estaba. Decidió ser enterrada en High Point, cerca de mi casa.

Las risas y la conversación desenfadada de mi vida hogareña fueron sustituidas por el silencio de vivir solo; y la casa grande y lujosa, por las desoladas paredes blancas y el mobiliario provisional de mi departamento de empresa. Me sentí como si hubiera retrocedido en algunos aspectos, viviendo en un departamento muy parecido al que había tenido en Pittsburgh. Por aquel entonces, claro, vivir así estaba bien; incluso fue maravilloso, pues era joven, estaba recién empezando y en aquel entonces comparaba mi nivel de vida con el que había tenido durante mi infancia. Ahora lo comparaba con todo lo que había conseguido y con cómo había estado viviendo durante más de dos décadas, y el contraste era profundo. Caí en una espiral de oscuridad espiritual, y busqué consuelo de la forma más eficaz posible: volviendo a la discoteca.

Visité *Heaven* la semana siguiente y la otra también. Solo hicieron falta unas pocas presencias allí para que todo el mundo conociera mi nombre y me saludara como si fuera un cliente habitual desde hacía años. Al cabo de apenas dos semanas, le dije a Joey: "Quiero comprar este lugar".

Joey sonrió y dijo: "Lo siento, Lenny, pero no lo vendo".

Le devolví la sonrisa y le contesté: "Joey, no lo sabes, pero dentro de dos semanas venderás este lugar y lo compraré".

Compartimos una carcajada, pero tal como había predicho, en dos semanas había convencido a dos de mis socios en uno de mis negocios para que se unieran a mí en la compra del edificio y de los tres negocios por unos dos millones de dólares.

Joey Medaloni estaba contento, y yo también. *Heaven* (el Cielo) era mío.

Nunca se me habría ocurrido que acabaría metido en el negocio gastronómico y de la noche, pero allí estaba, propietario del local nocturno y restaurante más populares de la ciudad. Decidimos mantener todo más o menos como estaba, pero cambiamos el enfoque del restaurante a la comida italiana, y la decoración a una mezcla de South Beach y Mulberry Street. Hice remodelar toda la planta superior, con cabinas privadas con cortinas de gasa blanca etérea, y las hermosas camareras llevaban alas: las llamábamos ángeles. Construí una zona VIP especial con chozas y añadí una gran cabina de dj de dos pisos, para tener duelos de djs. Una gran pantalla mostraba videos musicales de las canciones seleccionadas por los DJ, mientras la multitud – siempre había público – no paraba de bailar.

Yo no tenía mucho que hacer allí. Contraté a gerentes para que manejaran los negocios, y después de trabajar todo el día en la clínica y terminar mi trabajo administrativo, volvía a casa, me echaba una siesta hasta las ocho de la noche, me duchaba, me ponía mis mejores ropas e Idris llegaba en la limusina que había alquilado. A las 9:00 o 9:30, aparcábamos delante del club, y el local ya estaba lleno; los fines de semana, había colas de gente que daban la vuelta a la manzana esperando para entrar.

Por lo general, uno de los dos guardaespaldas que había contratado me escoltaba hasta la entrada y yo cruzaba la puerta como el hombre más importante de la ciudad. Todos querían estar conmigo en mi cabaña, pero no todos podían. Solo la entrada allí costaba 500 dólares, pero cada noche había entre diez y veinte personas que pagaban ese precio solamente por el estatus de ser vistos en mi cabaña. Más allá de la cabaña, había hasta cuatrocientas personas solo en la azotea. El dinero entraba a raudales.

Sentía como si los días aciagos se estuvieran disipando, pero la verdad era que el lado oscuro me estaba arrastrando a un vórtice espiritual que amenazaba con devorarme. Pero en aquel momento no lo veía así; tenía dinero y nadie a quien darle explicaciones. Mis hijos estaban lejos, en otras ciudades y estados. Tenía una limusina, un chófer e incluso guardaespaldas: uno delante y otro detrás. Si había algún problema, lo cortaban de raíz. Ni siquiera tenía que preocuparme por beber demasiado, porque Idris me llevaba a casa y se aseguraba de que llegara a salvo a mi departamento cada noche. Estaba viviendo el sueño, en mi propio Mar-a-Lago.

También estaba tocando fondo espiritualmente mientras que me autoconvencía de que lo estaba pasando genial. En realidad, añoraba la estabilidad y la comodidad de antaño. Los deseos encontrados de una vida desenfrenada de hedonismo nocturno y el confort tranquilizador de la familia y el hogar, libraban una batalla en mi interior. Aunque nunca dudé ni por un momento de que al final volvería a la vida estable que sentía que estaba perdiendo, no podía evitar deleitarme con la vida nocturna de la que no había disfrutado desde mi juventud. Sin embargo, en lugar de vender mi participación en el negocio, compré las partes de mis socios y me convertí en único dueño.

Mantuve este tren de vida durante más de dos años, durante los cuales mi divorcio con Janice se hizo definitivo. Ella se quedó como presidente de nuestro negocio inmobiliario, y acordamos dividirlo todo a partes iguales. También acordamos que yo le compraría su parte de la casa. Ella estaba contenta con el dinero, y yo estaba feliz de volver a mi hogar.

Mientras tanto continuaba con mi alocado estilo de vida. Nunca llevé a casa a una mujer de la discoteca ni hice nada inapropiado, porque quería mantener mi imagen profesional. Pero seguía siendo un estilo de vida que seductoramente me infundía una perspectiva hedonista que distaba mucho de mis raíces espirituales. Me encantaba la vida nocturna lujosa y festiva; la sensación de orgullo que me producía estar rodeado de tanta gente que competía por mi atención; y el flujo constante de dinero. Sin embargo, ese dinero no siempre llegaba a mí o a mis socios. Aunque ganábamos hasta 50.000 dólares por noche en un fin de semana ajetreado, y un bruto respetable las noches entre semana, no tardé en darme cuenta de que algunos de mis gerentes y trabajadores estaban robando de las ganancias. La caja no se hacía hasta alrededor de las tres de la madrugada, luego del cierre; dado que yo para ese entonces estaba en casa hacía rato, les resultaba fácil apropiarse de un montón de billetes cada noche. Sin embargo, cuando me di cuenta de lo que estaba pasando, no pude despedirlos porque los necesitábamos. No tenía tiempo, y mucho menos experiencia, para dirigir un club nocturno y un restaurante. Incluso sustituir a los gerentes no solo supondría un contratiempo – tener que formar a un nuevo equipo –, sino que tampoco había nada que impidiera a esos nuevos empleados hacer lo mismo. Así que acepté que esos pequeños robos eran otro costo de hacer negocios y, además, yo no estaba en esto por dinero. Lo hacía por el puro placer que me traía; y justamente era ese puro placer lo que me estaba hundiendo.

Mis hijos fueron los primeros en darse cuenta – mis amigos y socios también –, y me hicieron saber que estaban preocupados por lo que consideraban mi crisis de la mediana edad. Mis amigos dirían: "Nunca habías actuado así".

Al principio los ignoré; pero una vida nocturna así, pronto te pasa factura. Estar de vuelta en mi casa me bajó a tierra. Poco a poco, la vida que llevaba ya no me traía alegría. Muy lentamente, me di cuenta de que había cedido a las tentaciones del orgullo y el hedonismo. Dios me apartó de la oscuridad y me devolvió a mi verdadera naturaleza: como su hijo y testigo, alguien que tenía un propósito mayor que bailar por las noches. Tras casi tres años jugando a ser Gatsby, me encontré en la oscuridad espiritual. Había tocado fondo, pero ni siquiera me había dado cuenta de hacia dónde me dirigía porque el viaje era muy divertido; pero ya no. Había estado viviendo como un buscador de atención superficial y ya no experimentaba la vida, apenas celebraba una escapatoria de ella. Al darme cuenta de que la alegría que me traían aquellas noches hacía tiempo que había pasado, acabé por aceptar que mi *Heaven* (Cielo o Paraíso) se había convertido en mi Infierno. Así que, con la misma rapidez con que lo había comprado, vendí el restaurante y la discoteca, pero conservé los edificios; de modo que la renta – que no podía escatimarse – seguía llegando.

⋛ **CAPÍTULO 16** ⋚

El poder de la oración

Fue también durante aquellos años que volví tanto a la Casa Blanca como a mis raíces espirituales. Mi éxito en los negocios me había permitido asistir y organizar actos de recaudación de fondos para candidatos de ambos partidos – algo que amplió notablemente mi red social –, y el contribuir activamente a la democracia estadounidense me trajo un inmenso orgullo.

Los días en que mis vecinos y colegas me despreciaban, quedaban cada vez más atrás. Aunque los sutiles desaires de unos pocos nunca desaparecerían, casi todo el mundo me admiraba como líder empresarial que había dirigido la revitalización del sistema sanitario de High Point.

Mi fundación también prosperaba, y las continuas cartas y tarjetas que recibía de niños agradecidos cuyo futuro se había asegurado con una vivienda segura y una buena educación, me brindaban una gratitud incomparable. También me acercaron a los líderes cristianos de la India, cuya orientación realmente necesitaba tras haberme desviado hacia la oscuridad de mis días (y noches) de discoteca.

Cuando regresé a mi hogar, por muy contento que estuviera de haber vuelto, ya no me sentía igual. Estaba solo en todas aquellas habitaciones que antes habían estado llenas de voces y vida. Por supuesto, podría haber vendido la casa, pero había luchado por entrar en aquel barrio: mi casa de Emerywood formaba parte de mi alma; no iba a marcharme, pero necesitaba un cambio. Decidí rehacer el interior, transformarlo de "nuestro" a mío.

Me puse a remodelarla. Con la ayuda de algunos diseñadores, actualicé todo; además, añadí algunas lámparas y muebles modernos. Cuando terminó la refacción, me sentí como si hubiera comprado una casa nueva, y al mismo tiempo como si nunca la hubiera dejado. Era maravilloso. Pero el cambio más importante fue que añadí un centro de oración, donde podría rezar y adorar mientras retomaba mi viaje espiritual.

Me hice amigo de un sacerdote de la India y lo invité a quedarse en mi casa para que pudiéramos hablar de nuestros intereses espirituales comunes y rezar juntos. Estaba construyendo centros de culto en la India como forma de dar gracias a Dios por todas mis bendiciones y también para poner de mi parte, con la intención de llevar el cristianismo a las vidas de otros indios. Juntos, organizamos retiros espirituales de dos días a una semana, a los que acudía gente de toda la India; allí comían, rezaban y permanecían juntos en busca de su propia sanación espiritual.

Estos retiros tuvieron tanto éxito, que organicé uno en High Point e invité a varios de mis amigos más influyentes. Entre ellos había un cardiólogo indio de Detroit que voló para asistir a un retiro de una semana. Estábamos hablando antes de la reunión, parados muy cerca el uno del otro, cuando me di cuenta de que llevaba el brazo derecho pegado al cuerpo, como si estuviera lesionado.

"¿Te has lesionado el brazo?" le pregunté.

"Tengo el manguito rotador lesionado", me dijo. "Por eso estoy aquí. Ni siquiera puedo levantarlo. No puedo hacer nada con él; está prácticamente paralizado. Tuve que dejar mi trabajo hace siete años porque no tenía movimiento funcional. Simplemente nunca se curó. Así que vine aquí a rezar por ello".

Le toqué el brazo. "Vamos dentro a rezar", sugerí

Entramos en la sala de oración y recé con él por la curación de su hombro y que pueda regresar a su trabajo, para así volver a salvar vidas.

A la mañana siguiente, un sábado, nos reunimos para la oración comunitaria y el sacerdote empezó a cantar y cantar, mientras la energía de la sala aumentaba con cada canto.

"¡Aleluya! ¡Aleluya! Aleluya!", gritaba todo el mundo en respuesta a los melodiosos cánticos del sacerdote. Yo mismo me vi envuelto en la euforia mientras gritaba "¡Aleluya!" en adoración a Dios por su presencia divina y por todas las bendiciones que nos había concedido. Al hacerlo, divisé al cardiólogo indio y vi que él también gritaba "¡Aleluya!", con las manos en alto en señal de alabanza a Dios.

Me quedé estupefacto. Este hombre había dejado su profesión porque no podía mover el hombro, y después de que rezáramos juntos una sola vez, su parálisis había desaparecido. No sabía si era psicológico – su fe en el Espíritu Santo era tan grande que superaba el dolor y le devolvía el alma – o si realmente el Espíritu Santo había entrado en él. Pero sí sabía que, con el poder de la oración, un hombre se había curado para poder volver a su vocación y curar a otros mediante sus dones como cardiólogo experto.

Mi devoción a Dios y el regreso a mis raíces espirituales me colmaron de un espíritu y un entusiasmo mucho mayores que los de mi salvaje aventura en el club nocturno. El manejar el club nocturno me había deslumbrado, me embriagaba con la atención que me traía cada noche, pero mi espíritu nunca había sentido ese entusiasmo. Esta era una experiencia totalmente distinta: ahora prosperaba y evolucionaba con el florecimiento de mi espíritu, y la poderosa sensación de mi unión con Dios se hacía más embriagadora cada día. Mi conexión con Dios se hizo mucho más estrecha, mi propósito mucho más claro. Se me había concedido el don de curar, de transformar la vida de las personas, y ahora ese don se abría al mundo. Mi fe y devoción me permitían influir en la vida de las personas como nunca antes lo había hecho. Fue un despertar extraordinario.

Luego de tal despertar, convertí mi despacho del Centro Médico Bethany en un espacio para la oración y la reflexión espiritual. No se esperaba que nadie rezara, pero al estar en el Cinturón de la Biblia[8], casi todos los que trabajaban para mí eran cristianos. No era raro que algunas personas me siguieran a mi despacho cada mañana y se unieran en una oración común. Había espacio suficiente para que cada persona dijera en voz baja sus intenciones especiales, y luego uno de nosotros dirigía la oración. Incluso tenía cartas bíblicas en mi escritorio, como naipes, pero con las Escrituras en una cara y una oración en la otra. otra. Cada mañana, mientras nos preparábamos para la oración, elegía una carta al azar y se la daba a alguien del grupo para que la leyera en voz alta. Incluso leíamos la Biblia todos los días. No pasó mucho tiempo antes de que nuestro equipo médico estuviera unido no solo por nuestro trabajo, sino por nuestra devoción a Dios; y ese vínculo ayudó de forma notable a nuestros poderes de curación.

Vale aclarar que nuestro personal está formado por médicos, enfermeras y técnicos cualificados, y la atención sanitaria que prestamos es la mejor que la ciencia médica puede ofrecer; pero lo mejor no siempre es suficiente. Quería que nuestra clínica no solo ofreciera la mejor atención médica, sino que también estuviera a la vanguardia en la investigación referida a cuidados cardiovasculares, endocrinos, gastrointestinales y otros, así también como enfermedades infecciosas, estudios del dolor y trastornos del sistema nervioso central. Entonces en 2006 fundé Peters Medical Research. PMR trabaja con empresas farmacéuticas para realizar ensayos

---

[8] *Bible Belt* en inglés. El Cinturón de la Biblia es una región del sur de Estados Unidos, que también abarca el estado de Missouri, donde el cristianismo protestante socialmente conservador desempeña un papel importante en la sociedad.

clínicos de fase II, III y IV, es decir, ensayos clínicos con cientos de participantes una vez que se ha determinado que un medicamento o dispositivo es seguro para las personas. Dado que cerca de mil personas atravesaban nuestras puertas cada día, teníamos la oportunidad perfecta para reclutar participantes. El abrir nuestros servicios para ofrecer a pacientes la posibilidad de participar en estos ensayos de fármacos, ha permitido a muchos tomar medicamentos que salvan vidas y que, en otras circunstancias, no estarían a su alcance. Este abordaje ha contribuido al conocimiento científico, algo tan necesario para el avance de la medicina.

El hecho de poner a mi socio de confianza, Don Bulla, al frente de tal emprendimiento, me permitió mantener mi foco en la atención clínica y la gestión; y al mismo tiempo saber que mi interés científico por la investigación y la invención continuaría.

Siempre se me ha respetado por mis habilidades médicas, pero la oración y la devoción parecían mejorar dichos dones, y los demás empezaron a notarlo también. Desde el principio, cuando empecé a estudiar medicina, noté que tenía un toque diferente. Podía sentir realmente cuando curaba a alguien, como si de algún modo impartiera mi espíritu a través de mi tacto. Por supuesto, el don de la curación es bien conocido en la India, pero en Estados Unidos muchos siguen siendo escépticos en lo referido a que el poder espiritual pueda coexistir con la ciencia. Sin embargo, como persona bien formada en el método científico y con firmes convicciones sobre el poder de la ciencia, puedo decir con la misma certeza que ciertos dones espirituales son tan poderosos como la ciencia misma... y a veces más.

A lo largo de mi carrera, no era infrecuente que la gente viniera a verme para pedir una segunda opinión tras recibir un diagnóstico grave. Yo quizá les hacía las mismas pruebas que su médico anterior: una ecografía o endoscopia, por ejemplo; o les recetaba los mismos medicamentos y seguía el mismo tratamiento... y sin embargo obteníamos resultados totalmente distintos. Por lo general bastaba con poner mi mano derecha sobre el hombro izquierdo del paciente y asegurarle: "Vamos a curar esto. Vamos a hacer que te mejores." Y ello hacía que se sintieran esperanzados, y muchas veces eso era exactamente lo que ocurría: su enfermedad desaparecía. Quizá fue su optimismo – una vez que yo les había dado esperanza – lo que los ayudó a curarse cuando ningún tratamiento había funcionado. Pero luego de haber mirado a los ojos y asegurado a tantos de mis pacientes que mejorarían, pude comenzar a sentir cómo la energía se transfería de mí a ellos, como si la energía casi los inundara a través de mi mano, que hacía de conducto. Por eso creo que ha sido el poder de la oración y mi estrecha conexión con Dios lo que ha ayudado a sanar a tantos de mis pacientes, y es una de las razones por las que he tenido un consultorio tan floreciente.

Una experiencia que persiste en mi memoria fue la llamada que me informó que una paciente estaba gravemente enferma. Ella y su marido eran mis amigos íntimos y pacientes, y ella había sido hospitalizada por una pancreatitis necrótica grave. Su páncreas se estaba muriendo, lo que significaba que ella también se estaba muriendo. Su presión arterial había bajado peligrosamente y me llamaron para operarla. Le abrí un conducto biliar – un pequeño tubo que conecta el hígado con el páncreas – con la esperanza de que drenara parte de las sales biliares y aliviara su dolor. La operación fue un éxito, pero aún le quedaba un período difícil por delante.

Hacia las 2 de la madrugada, me llamaron al hospital porque ella se estaba viniendo abajo. Sabía que las probabilidades de que sobreviviera eran escasas, así que no perdí el tiempo: me senté junto a su cama y bombeé líquido intravenoso lo más rápidamente posible, añadiendo más líquido, bombeándolo, añadiendo más, bombeándolo, con la esperanza de estabilizar su presión arterial. Seguí así durante casi una hora, pero estaba decidido a que sobreviviera. Se despertó hacia el amanecer, me miró confusa y me dijo: "Lenny, ¿qué haces aquí? Deberías estar en casa durmiendo".

Creo que nunca me había alegrado tanto de ver despertar a una paciente de un roce tan cercano con la muerte. Más tarde me explicó que había atravesado el túnel y que, efectivamente, se estaba muriendo. Pero cuando se dio cuenta de los decididos esfuerzos que estábamos haciendo por salvarla, volvió y, hasta el día de hoy, sigue siendo una amiga leal.

Varios de mis pacientes me han hablado de haber visto el túnel. Una mujer a la que trajimos de vuelta tras haber estado a punto de morir, y que padecía una enfermedad pulmonar, me dijo: "Fui a través de este túnel y miré, y allí estaba el Dr. Peters, sentado con Dios. Y tanto el Dr. Peters como Dios me dijeron que regresara, entonces volví a atravesar el túnel… y de golpe estoy viva. Es extraño".

No sé cuántos miles de vidas he salvado a lo largo de los años, pero una y otra vez, después de todas las pruebas objetivas posibles – solo en cierto sentido – he descubierto la causa del sufrimiento de un paciente. Puede ser un cáncer de colon a punto de invadir y hacer metástasis, y lo hemos encontrado, extirpado y curado al paciente por completo. O puede tratarse de una lesión en un pulmón o de un trastorno cardiaco, algo que las pruebas objetivas no han detectado, pero una sensación abrumadora de que debemos mirar de nuevo o buscar en otra parte me ha permitido salvar una vida que, de otro modo, se habría perdido.

Debido a estas numerosas experiencias de haber salvado la vida de mis pacientes en High Point, no es raro que conduzca por la ciudad y vea a alguien jugando al tenis, por ejemplo, y piense: *Ese hombre está jugando al tenis gracias a mí*, o que vea a un niño conocido de camino al colegio y piense: *Ese niño está entrando en el colegio gracias a mí*". El don que Dios me dio para sanar ha sido el mejor regalo que me ha concedido, mucho mayor que todo el éxito, la riqueza y las oportunidades. Y es por ese don que he procurado que mi consultorio dé las gracias a diario.

Una de las medidas que tomé para expresar esa gratitud fue hacer bordar todas mis batas de médico con las palabras "Yo trato,

Dios sana". Al principio mi personal se escandalizó, pero mi socio, Don Bulla, tenía las mismas palabras cosidas en su bata, y algunos otros también lo hicieron. A nosotros nos resulta claro comprender que solo podemos tratar a nuestros pacientes, pero la sanación viene de Dios. Estas palabras, que al principio escandalizaron a algunos, se han convertido ahora en una especie de lema en nuestra clínica.

En mis muchos años como médico, he llegado a comprender que la sanación no es algo que pueda hacer yo solo. Ningún médico puede. La sanación es un acto de Dios, y cuando pongo mi mano sobre un paciente y le aseguro: "Sanaremos esto; te pondrás mejor", le estoy diciendo que trabajaré con Dios para sanarlo. Cuando invité a un grupo de sacerdotes de la India a iniciar aquí su labor misionera, visitaron mi clínica y el poder de Dios era palpable.

Me dijeron que, no importa en qué parte de la clínica estuvieren, sentían una energía inusitada, como si Dios caminara a su lado, como si estuviera allí, en cada habitación, sentado junto a cada cama. Volvieron a la India y se lo contaron a otros; incluso fueron de gira por cuatro o cinco continentes diciéndole a la gente que había un médico en América que sanaba a través de Dios. Eso es lo que yo hago.

Actualmente cada edificio de la Clínica Bethany tiene una foto mía, y debajo de cada foto se lee Lo que hago es SU trabajo.

Algunos dirán de mí: "¡Pero si es un científico! ¿Cómo puede creer esas cosas?"

Y a ellos les digo: "Si de verdad quieres ver el oxígeno antes de respirarlo, ve a por él".

Dios ha estado a mi lado durante muchas décadas. Me ha traído riquezas increíbles, tanto material como mi familia. Pero el don de la sanación que me dio, es un don que extenderá para siempre el amor de Dios mucho más allá de mi humilde vida. Al darme el don de la curación, Dios ha dado a otros el don de la vida.

Y por ello me postro en oración y gratitud.

CAPÍTULO 17

Un legado de amor

Con mis hijos ya adultos, mis negocios prósperos y mi consultorio médico, centro de investigación y fundación influyendo en la vida de miles de personas desde Carolina del Norte hasta la India, había llegado el momento de reflexionar sobre todo lo que acumulé y logré en las décadas transcurridas desde que salí de casa por primera vez, caminando por aquellos campos de arroz con mi padre y dos pequeñas bolsas. En aquellos años amasé una fortuna, viví una vida de lujo y esplendor y, lo que es más importante, devolví en especie las muchas bendiciones que Dios me había concedido: mejorando y salvando las vidas de amigos, desconocidos, pacientes, niños, ancianos y todos los demás.

No podría haber imaginado una vida mejor, e incluso mis días más oscuros fueron dichosos. Y aunque avanzado en años, sentía tanta vitalidad juvenil como a los cuarenta. Sin embargo, las mareas del tiempo avanzaban rápidamente, y sabía que tenía que hacer algo para preparar a mis hijos para las responsabilidades que tendrán que afrontar después de mi muerte. No había construido semejante imperio empresarial solo para que todo se disolviera cuando yo ya no estuviera. Quería que los cimientos continuaran, que mis clínicas siguieran vivas y que todas mis posesiones e inversiones siguieran manteniendo a mi familia y a otros durante generaciones.

Shirin se licenció en la facultad de medicina de Nueva York, comenzó a trabajar conmigo en un consultorio privado en High Point y se casó con un médico, J.R., que es un joven inteligente y de buen corazón; él es profesor adjunto en la Universidad de Nueva York, e investiga sobre rehabilitación visual. Shirin tenía muchas ganas de volver a Nueva York; así que, para ponerla en marcha, la ayudé a abrir una Clínica Médica Bethany en Manhattan. En poco tiempo ambos se enamoraron de Nueva York y se establecieron bien allí, sin ningún deseo de volver a Carolina del Norte. Su intención de quedarse en Nueva York me angustió, pues quería que tuvieran algún rol en los negocios de Carolina del Norte, pero también sabía que la apasionaba su vida en Manhattan, y tuve que aceptarlo. Desde entonces he seguido apoyando sus esfuerzos, y ella ha hecho crecer las Clínicas Médicas Bethany hasta tener varias sedes en Manhattan.

Anthony también ha sobresalido, y se licenció en la Universidad de Pensilvania y en la *Wharton School of Finance* con una doble titulación en finanzas e ingeniería biomédica. Tras empezar en el mundo de la consultoría en Nueva York, se dio cuenta de que su verdadero amor era la medicina, así que empezó a solicitar plaza en la facultad de medicina, mientras Nicole estudiaba estudios internacionales en la Universidad de Duke. Aunque había empezado con una mente aguda para los negocios, y una ambición que le auguraba un gran futuro, con el paso del tiempo se dio cuenta de que quería una vida más creativa.

Y Elise se dedicó a los negocios, se licenció y más tarde obtuvo un MBA en la *Wharton School of Finance*, se casó y tuvo una niña. El marido de Elise, Matt, es un talentoso joven con un MBA, también de Wharton. Creó su propia empresa de tecnología de seguros, de la que es fundador y director general. Elise también se trasladó a Nueva York y trabajó para American Express y Capital One, donde sus conocimientos de finanzas, datos de mercado y gestión de capital resultaron excepcionales, y mostró un gran interés en aprender también de mí.

Mis hijos han cumplido – y superado con creces – todas las expectativas que tenía puestas en ellos; y cada oportunidad que tuve de compartir tiempo con ellos será atesorada por mí para siempre. Pero a menudo llega un momento, cuando los hijos han crecido, en que un padre tiene que hablar de negocios; y ese momento había llegado para mí. Reuní a todos con la intención de tener una serie de conversaciones familiares, y les presenté mi plan.

Morir no me asusta, pues mi devoción a Dios me ha infundido una sensación de paz y la certeza de un más allá eterno; pero la muerte de mis empresas es impensable. Para mí es importante que, cuando muera, lo haga sabiendo que he dejado mis negocios en buenas manos. Cada uno de mis hijos tiene el potencial de adquirir la experiencia y los conocimientos necesarios para garantizar que las numerosas inversiones y participaciones que tenemos sigan vivas, pero ninguno tiene realmente el deseo de hacerlo, ya que han establecido sus propias vidas. Y así fue como, cuando todos mis vástagos vivían en Nueva York, empecé a reunirme con ellos los domingos por la tarde en un segundo hogar que había establecido en Manhattan.

Esos domingos por la tarde los dedicaba a hablar de negocios, donde les contaba todo lo que había hecho en cuanto a nuestras inversiones. En aquel entonces, los chicos eran apenas adultos. No entendían de bienes inmuebles o de finanzas; no tenían ni idea de la magnitud de mis inversiones ni de cuántos activos había acumulado. Así que aquellas reuniones semanales eran una oportunidad para educarlos, prepararlos para su futuro como participantes activos en el negocio y, con el tiempo, como herederos del patrimonio.

Por fin, un día, llegó el momento de contarles mi plan. "Así son las cosas", les dije. "Estoy orgulloso de cada uno de ustedes, pero las bendiciones que han disfrutado acarrean responsabilidades. No voy a ser uno de esos padres que trabajan como perros mientras sus hijos se lo pasan a todos lujo viviendo de ese trabajo".

Vi que unos cuantos revoleaban los ojos y otros se movían inquietamente en sus asientos, pero al menos tenía su atención. Entonces les dije: "Quiero una propuesta por escrito de cada uno de ustedes sobre lo que van a hacer para ayudarme a construir el negocio familiar. Tiene que estar por escrito y dejar bien en claro lo que quieren y lo que están dispuestos a hacer para conseguirlo. Y entonces lo consideraré y decidiré lo que estoy dispuesto a dar. Si podemos llegar a un acuerdo, llegaremos a un acuerdo. De lo contrario, los amo a todos por igual, pero voy a tomar mi propia decisión sobre lo que haré con el negocio familiar y con mi vida."

Pude escuchar algunos refunfuños, pero nada de eso me iba a afectar. "Así son las cosas", dije, dejando claro que no iba a ceder. Me di cuenta de que les resultaba difícil volver a High Point y trabajar en el negocio familiar. A Shirin le encantaba Nueva York y no quería marcharse. Anthony tenía el corazón puesto en la facultad de medicina, por lo que no podía acompañarme, y Nicole era tan joven en aquel momento que acababa de encontrar su lugar en el mundo. Solo Elise estaba en condiciones de tomar en serio mi oferta. Y solo Elise lo hizo.

Elise acudió a mí con una propuesta por escrito luego de varias reuniones de este tipo; en ella, me propuso volver a High Point y aprender el negocio familiar y dirigirlo conmigo. Con su MBA de Wharton y la experiencia que había ido adquiriendo en finanzas mientras trabajaba en Nueva York, estaba seguro de que era la persona indicada para hacerlo; pero aun así, sabía que era joven y necesitaría cierta formación. Entonces acepté su propuesta, y ella regresó a High Point con su familia.

Elise y yo asistimos a varios cursos sobre negocios y finanzas, y nos unimos a un grupo internacional de asesores de empresas familiares. Hablamos con contadores y abogados; al terminar dicho proceso, ella estaba aun más formada que luego de egresar de la escuela Wharton.

Cuando tuve la certeza de que estaba preparada para tomar la responsabilidad de gestionar tantas empresas diferentes y una cartera de inversiones tan grande, nos reunimos con abogados e hice redactar un documento legal que le daría una gran participación en la empresa en los próximos diez años. Entonces, cuando yo falleciera, ella controlaría las empresas. También se ocuparía de los demás hijos; pero como ella dedicaba su tiempo y su carrera al negocio, recibiría la mayoría.

Sin embargo, Elise no fue la única en mudarse de regreso y en volver a trabajar conmigo. Su marido, Matt, es digno de elogio por el apoyo que le dio a la familia: primero dividiendo su tiempo entre Nueva York y Carolina del Norte, y luego trasladándose a High Point a tiempo completo. El suyo fue un gran sacrificio, y felicito a Matt por formar parte de la gran decisión de mudarse a High Point; y me alegro aún más porque ahora puedo pasar tiempo con sus tres hijos, Adeline, Isabel y Edward.

Shirin se quedó en Nueva York con su marido y sus dos hijos, Cosimo y Soma. Anthony se licenció en medicina en UNC-Chapel Hill y completó su residencia en la Universidad de Virginia, donde – al igual que su orgulloso padre – fue jefe de residentes. Después empezó su beca de formación en cardiología en la Universidad de Duke. Se casó con una joven encantadora, Ashley, cariñosa y compasiva, que tiene un máster en terapia. Ashley tomó un trabajo en Durham como terapeuta profesional, y tienen dos hijos, Charlotte y James. Hoy en día, Anthony está tan ocupado como feliz de trabajar cerquísima de casa y en un puesto tan estimado. Y Nicole también volvió a High Point y se incorporó a Bethany Medical como analista de sistemas de información, un puesto en el que ha descollado.

Pero solo Elise ha mostrado verdadero interés en hacer crecer el negocio, así que ella y yo trabajamos codo a codo, cada vez más unidos y con más seriedad en cuanto a salvaguardar la fortuna – y la reputación – que he logrado a lo largo de mi vida.

Y durante todos estos cambios, tomó posesión otro presidente y nuevamente fui invitado a la Casa Blanca; aunque esta vez era diferente, pues era para reunirme con el presidente y la vicepresidente en una reunión más íntima. Para esta ocasión no tuve que salir a comprar un esmoquin nuevo… pues el diseñador vino a mí. Esta vez el presidente admiraría tanto mi chaqueta que querría que le hicieran una igual. Había recorrido un largo camino desde mis primeros años caminando descalzo a la escuela. Ahora me admiraba el hombre más poderoso del mundo, cenaba con dignatarios y discutía el futuro del mundo con los hombres y mujeres más ricos e influyentes de Estados Unidos. Controlaba una vasta cartera inmobiliaria, poseía varias clínicas médicas que atendían a mil pacientes al día, era director fundador y presidente del comité de préstamos de un banco que había crecido a cuatro estados, y seguía siendo uno de los principales accionistas. Más recientemente, fui copresidente de un banco, el Carolina State Bank de Greensboro. Dirigí una fundación que ayudaba a los habitantes de Carolina del Norte en crisis, alojaba y educaba a huérfanos en la India, y ayudaba a difundir la palabra de Dios.

Cuán lejos había llegado desde aquella primera mudanza a Carolina del Norte, cuando los dirigentes empresariales me despreciaban, me negaban préstamos y vivienda, instaban a sus pacientes a que me evitaran. Las clínicas que fundé fueron nombradas "Empresa Familiar del Año" por el *Triad Business Journal* y yo, uno de los "Directores generales más admirados". La Cámara de Comercio nombró al Centro Médico Bethany "Empresa del Año", mientras que el *Triad Business Journal* me distinguió como uno de los "Diez a tener en cuenta" entre los "Pesos pesados" y reconoció al Centro Médico Bethany como una de las "Empresas de crecimiento más rápido» de la Tríada. Ya no me veían como un desubicado inmigrante de piel oscura que no pertenecía a dicho lugar. Había encontrado mi sitio, mi sentido de pertenencia.

Sin embargo, anhelaba volver a ver el rostro de mi abuelo, ver en su cara el orgullo que sabía que sentiría por mí. Él nunca habría podido imaginar todo lo que yo lograría, pero fue su fe en mí, su convicción de que había nacido para algo grande, lo que me hubo iniciado en el camino del éxito.

Y fue mi fe en Dios y en Cristo, y mi convicción de que me habían bendecido para una grandeza que de niño apenas podía imaginar vagamente, lo que me dio el valor para tomar ese viaje: un viaje cuyo destino aún no he imaginado. En cierto modo, apenas estoy empezando.

CAPÍTULO 18

Un nuevo comienzo

Acaso ahora te cueste imaginarlo, pero 2020 empezó con buen pie. Nuestros negocios iban bien. Elise, ahora plenamente comprometida en el negocio familiar, empezó a dirigir las operaciones como presidente de la empresa. Bethany Medical volvió a ser reconocida como una de las empresas *Fast 50* del *Triad Business Journal*, las 50 empresas de más rápido crecimiento de la región de la Tríada. Todo aquello por lo que habíamos estado trabajando tan duro, se estaba haciendo realidad.

Personalmente, por fin tenía tiempo libre. Empecé a viajar a menudo a mi casa de Miami Beach, disfrutando del sol y de las muchas instalaciones asociadas al complejo. Allí me lo pasaba genial, trabajando de manera remota con Elise, construyendo los negocios familiares. Incluso había encontrado un nuevo entrenador personal, Gui, un culturista del país africano occidental de Níger, que ha ganado varios campeonatos nacionales. Creamos un vínculo no solo como entrenador y cliente, sino también espiritual. Él y su mujer tienen un gimnasio boutique, al que iba todas las mañanas a las seis en punto para entrenar con él, y a veces empezábamos el entrenamiento rezando; actualmente, ambos seguimos gozando de buena salud. Hace poco, tras un chequeo completo en un instituto antienvejecimiento, me dijeron que estaba rejuveneciendo en vez de envejeciendo: tenía diecisiete años menos que mi edad biológica. Me sentía bien; las cosas iban por buen camino.

Enero y febrero pasaron volando. Bethany Medical había trasladado su sede al centro, a un edificio de oficinas recién renovado que habíamos comprado, y nuestro equipo de 45 miembros – incluidos muchos de nuestros altos directivos – ya se había instalado allí. Nuestros negocios de la banca y de desarrollo también estaban tomando impulso.

Sin embargo, como ahora sabemos, había una gran tormenta formándose en el horizonte. Al otro lado del mundo, un virus había empezado a propagarse, primero por Asia y luego por partes de Europa. En marzo estaba claro que este nuevo coronavirus, del que llevábamos meses oyendo hablar, se estaba abriendo camino desde Wuhan (China) por todo el mundo, y pronto llegaría también a nosotros.

A mediados de marzo, un sábado, yo estaba en mi casa de Miami Beach cuando el vicepresidente de mi organización me llamó y dijo que el gobernador iba a cerrar las escuelas de Carolina del Norte a causa de lo que por entonces se llamaba COVID-19.

"Bien", le dije, "estoy volviendo. Estaré allí mañana". Sabía que esta pandemia inminente iba a requerir una respuesta rápida y eficaz por parte de nuestra clínica, y que teníamos que estar a la vanguardia de la protección y el tratamiento de nuestros pacientes.

El domingo por la noche celebramos una reunión de emergencia de nuestros directivos. Empezamos a poner en marcha estrategias para proteger plenamente a nuestros empleados y seguir atendiendo a nuestros pacientes. Nos dimos cuenta de que estábamos en la vanguardia en la guerra contra este virus. Inmediatamente pusimos en marcha nuestro propio laboratorio de pruebas de COVID-19. Decidimos luchar cara a cara contra este monstruo en lugar de hacerlo desde atrás. Mientras otros proveedores de atención sanitaria de nuestro entorno se veían obligados a suspender ciertos servicios y volver a dedicar espacio hospitalario al tratamiento de pacientes de COVID-19, nosotros nos adaptamos desde dentro. Nunca cerramos nuestras oficinas. Ya veíamos pasar por nuestras puertas a casi novecientos pacientes al día antes de la pandemia. Una vez que la pandemia tomó fuerza, empezamos a ver pasar por nuestras puertas a más de mil pacientes al día, aproximadamente un 11% más.

En Bethany Medical, mantuvimos nuestras clínicas abiertas los siete días de la semana. En junio, en plena pandemia, abrimos nuestro nuevo local en la cercana ciudad de Kernersville. Esa nueva clínica tomó impulso y prosperó. Durante julio y agosto, hacia el final de la primera oleada de la pandemia, en un momento en que la mayoría de las empresas estaban cerrando o despidiendo a sus empleados, contratamos a 142 nuevos empleados en todas nuestras empresas, incluidos médicos, enfermeras y miembros de nuestro equipo directivo. No íbamos a despedir a nadie, pero queríamos estar seguros; y por supuesto que tomamos precauciones: llevar mascarillas, distanciamiento social, lavarse las manos y no reunirse en grupos grandes. Gracias a estas precauciones, superamos muy bien la pandemia. Tristemente, sin embargo, el impacto de la pandemia afectaría a millones de estadounidenses que enfermaron o a los cientos de miles que murieron, así como a muchos más en todo el mundo que han sufrido este virus mortal.

Sin embargo, creo que debemos buscar el lado bueno de las cosas cuando estamos rodeados por crisis. Y en ese sentido, es un mérito de nuestros empleados y directivos que Bethany Medical haya tenido su mejor año – de los 34 que lleva de vida – de funcionamiento en medio de la pandemia. Gran parte de ese éxito se ha debido a nuestro duro trabajo y al impulso que establecimos antes de 2020, y dio la casualidad de que mucho de lo que ya estaba en marcha dio frutos en aquel momento. Aun así, a pesar de todos los avances y de la yuxtaposición de que todo ello ocurriera durante el mayor reto sanitario del mundo en más de un siglo, yo quería hacer más.

Mi vida actual me hacer maravillarme, especialmente cuando la comparo con los días de antaño en que conducía por Londres en un TR7, vivía a tope y exploraba la vida nocturna al otro lado del charco en Francia, o incluso cuando – tantísimos años después – era propietario de mi propio club nocturno en el centro de Greensboro. Aunque entonces pensaba que estaba viviendo mi mejor vida, ahora me siento más dichoso y disfruto mucho más a mi familia; además de sentir satisfacción por saber con certeza de que yo estoy trabajando – ahora con la ayuda de mis hijas Elise y Nicole – para apoyar a nuestras futuras generaciones.

Esa seguridad se extiende también a nuestra comunidad. Mientras escribo esto, tenemos en marcha doce proyectos de desarrollo en el centro de la ciudad y alrededores. Con el espíritu del perdón en mente, todos estos proyectos persiguen el objetivo de hacer de la ciudad de High Point – y en particular de su centro – una zona más atractiva tanto para los residentes como para la industria y los negocios. Es por esto que he decidido participar, tanto como sea posible, en la revitalización del centro de la ciudad.

Aún está por verse la influencia que la pandemia tendrá en el futuro de las oficinas corporativas y en el modo en que la gente se desplaza al trabajo y desempeña su labor; pero sigo imaginando el centro de High Point como un lugar donde los jóvenes profesionales, aquellos cerca del retiro o ya jubilados, y cuyos hijos han dejado ya el nido, acudirán a vivir en masa. Entiendo que la pandemia haya inspirado a mucha gente a buscar espacios de vida rurales, y quizá incluso haya llevado a algunos inquilinos – quienes antes consideraban que no estaban listos – a comprar una propiedad. Pero antes de la pandemia, los jóvenes y los jubilados de todo Estados Unidos se movían más hacia la vida en el centro de la ciudad, buscando estar cerca de los productos básicos que sustentan un estilo de vida sano y equilibrado, incluidos todos los servicios, el entretenimiento, el comercio minorista y los víveres que puede proporcionar un entorno urbano. Sigo convencido, incluso más ahora, de que una vez superada la pandemia, esto será más cierto que antes. La gente buscará lo que se le ha negado, y habrá muchos que habrán tenido tiempo de preparar sus finanzas para tal mudanza. Yo siempre creí que el sur era un buen lugar para invertir en mis propias propiedades inmobiliarias; y ahora que las costas este y oeste se vuelven cada vez más prohibitivas para que los adultos jóvenes y los jubilados encuentren viviendas asequibles, el sur se convierte en un lugar aun más atractivo, tanto por su precio como por su belleza.

Hemos observado la misma tendencia en nuestros intereses comerciales. Cuando todo haya terminado, nuestra cartera habrá invertido unos sesenta millones de dólares en el centro de la ciudad, una parte en oficinas comerciales y otras propiedades, y otra en viviendas y espacios de uso mixto, comerciales y minoristas.

Hoy mi fe, que me ha guiado a tomar todas estas decisiones en mi carrera y a desarrollar las relaciones con las personas que me han ayudado en el camino, es más fuerte que nunca. Dice el refrán: "La suerte está donde la preparación se encuentra con la oportunidad". Además de los orfanatos que dirigimos en la India, nuestra fundación tiene ahora uno en África y otro que abrirá pronto en Sudáfrica, el cual será manejado por mi sobrina Susan.

Permíteme compartir nuevamente contigo mi asombro cuando veo lo lejos que he llegado, y cuánto más lejos tengo planeado ir. Los negocios gozan de buena salud, al igual que mis hijos y mis nietos. Nuestra familia sigue creciendo, al igual que nuestra presencia en la comunidad de High Point y que nuestros intereses benéficos en todo el mundo.

Han entrado en mi vida tantas almas bondadosas, tantas bendiciones, que no puedo explicar mi éxito más que diciendo que, junto con el trabajo duro y el deseo competitivo de hacerlo siempre lo mejor posible, he confiado en mi fe y en el poder del perdón para guiarme en mis decisiones y en mis relaciones. No siempre tomé las decisiones correctas; he fracasado y sentido vergüenza y pudor, como todos los humanos. Pero nunca me he rendido, nunca perdí la fe y nunca he sido demasiado orgulloso ni me he sentido demasiado menospreciado para perdonar.

Hoy me vigoriza la promesa del mañana, y a pesar de todo creo que lo mejor está por llegar. Estoy lejos de haber terminado. Ya he dicho antes que no siento que me esté acercando al final de mi viaje, sino que más bien lo acabo de empezar, y no estoy solo en mi travesía. Mi familia, desde los que ya no están hasta los que sí, mis hijos y nietos, mis hermanos y sus hijos... ¡todos juntos estamos apenas empezando!

⇉ EPÍLOGO ⇇

Mi mensaje personal para ti

Parece que hoy en día el mundo está en un estado de confrontación constante. Todas las personas están enfadadas con los demás o peleando entre sí porque cada uno de nosotros ha sido herido, maltratado o perjudicado de alguna manera; y mucho de ello tiene que ver con nuestras historias personales, con el trato que recibieron nuestros padres o antepasados en este país o en nuestros países de origen; lugares que, como yo, muchos han tomado la decisión de dejar atrás para tener más oportunidades en el extranjero.

En mis viajes por cuatro continentes, aprendiendo y ejerciendo la medicina, he descubierto que lo siguiente es cierto: no hay lugar en el mundo, ni pueblo, inmune al hecho de que existieron penurias pasadas, infligidas a nosotros por nuestras naciones vecinas, nuestros propios compatriotas o, a veces, nuestras propias familias. Este hecho – en diversos grados, por supuesto – es universal.

Mi mensaje es el siguiente: mediante el poder del perdón, es mucho más lo que podemos ganar que perder. Si hubiera huido de Carolina del Norte cuando me encontré con tanta resistencia, no me cabe duda de que hoy sería un hombre amargado. Pero tenía confianza en mí mismo y en mi valor inherente, así que, en lugar de huir me enfrenté a quienes solo veían el color de mi piel u oían mi acento. También tenía confianza en la valía inherente de quienes me temían, porque sabía que sus prejuicios no se basaban en su experiencia con personas diferentes a ellos mas en su falta de experiencia. Puede que hayan vivido en la misma comunidad que la gente de color, pero tenían poca experiencia en lo referido a trabajar, vivir y rendir culto codo a codo con aquellos que se veían diferentes. A medida que comenzaron a trabajar, vivir y rendir culto conmigo, llegaron a respetarme. A su vez, aprendí a perdonarles sus miedos y su inexperiencia; y al hacerlo, mi propio corazón se abrió a ellos.

Es crucial reconocer – y esta idea no es particular de ninguna raza, etnia o país, sino de la humanidad – que no podemos dar marcha atrás al reloj. Debemos centrarnos en el presente e inculcar a nuestros hijos la confianza y la fe necesarias para ser más abiertos y acogedores con aquellos que son diferentes.

Hoy todos podemos tener las mismas oportunidades; aunque reconozco que, para algunos de nosotros, a esas oportunidades solo se puede acceder por una puerta trasera. Acaso en algún momento se nos niegue el acceso a través de los medios tradicionales, pero quien esté motivado siempre descubrirá una forma alternativa de entrar. Yo construí todo mi legado haciéndolo así.

¿Alguien te está negando algo que deseas? Si es así, depende de ti encontrar una forma de sortear los obstáculos que te han puesto en tu camino. Si no, considera la posibilidad de recurrir al poder del perdón para liberarte de tu ira y frustración. Creo que tu buena suerte se multiplicará si te centras en el poder del perdón y tienes fe en ti mismo. Tu fe no tiene por qué ser estrictamente una fe religiosa, sino una creencia en ti mismo y en las personas que te rodean, en tus semejantes y en el universo. Todo ello regresará a ti en forma de una energía enorme.

La gente habla a menudo de buena y mala energía. Déjame explicarte cómo crear buena energía en tu vida. Te levantas cada mañana, con una actitud positiva acerca del día que te espera, sabiendo que el universo está de tu lado. No pienses en lo que ocurrió hace cien años, hace cien días o incluso hace cien horas. Concéntrate en lo que tienes delante, no detrás, de ti.

No permitamos que los obstáculos que se interponen en nuestra senda interfieran cuando nos levantamos para lavarnos los dientes, preparar un desayuno rápido y llevar a los niños al colegio. Si podemos evitar que estos obstáculos se cuelen en nuestros pensamientos mientras salimos por la puerta para hacer frente a las exigencias de nuestro día, seremos capaces de superarlos.

No estoy predicando una filosofía que no he vivido. Esta ha sido mi experiencia. Me he mantenido firme en este principio incluso mientras criaba a mis propios hijos. Era importante para mí que mis hijos hicieran el viaje físico para que vieran de primera mano mis pobres comienzos. Hice que cada uno de ellos recorriera el mismo camino, llevando una bolsa, que yo había hecho con mi padre cuando me envió a tomar el curso preparatorio de medicina a los catorce años. Quería que conocieran de primera mano los sentimientos que tuve aquel día trascendental.

Los llevé a la casa de mi familia en la India, donde viví de joven con mi madre, mi hermano George y mi hermana Gladis. Me reí cuando me preguntaron: "¿Dónde está la casa?" y les contesté: "La están viendo ahora mismo".

No era una gran casa que digamos, pero quería que la vieran. También deseaba que vieran el santuario de san Antonio. Hice todo esto para que pudieran ver y experimentar con sus propios sentidos sus raíces y la magnitud del progreso que yo había logrado para protegerlos del tipo de pobreza en la que yo y mi familia vivíamos en aquella época.

Sin embargo, nunca los senté a hablar de los cien años de dominación británica de la India, de las atrocidades cometidas, del expolio de nuestras tierras, recursos y mano de obra. Nunca les inculqué un sentido de venganza por la historia del colonialismo en mi tierra natal.

De este modo, mis hijos han crecido con una sensación de normalidad, de que pueden lograr cualquier cosa que se propongan; y no se sintieron inhibidos en modo alguno por el pasado. Incluso redoblé la apuesta: si mis hijos iban a criarse en Estados Unidos – y por ende, ser americanos –, quería que fueran indudablemente los mejores ciudadanos de dicho país.

En lugar de enseñarles un solo idioma en casa y focalizarme estrictamente sobre la India, para luego enviarlos al paisaje anglófono que los rodeaba y confundir a los niños antes incluso de que llegaran a la adolescencia, opté por criarlos de una forma más equilibrada. No se puede pedir a los niños que tengan un pie en cada barco y esperar que progresen; pues inevitablemente ambos barcos tomarán direcciones distintas.

Como inmigrante, si tu elección es estar aquí en Estados Unidos, debes decidir convertirte en tu mejor versión. Para venir aquí, tuve que contestar esta pregunta: ¿cuál es el propósito de ir a América? Eso no significa que haya renunciado a mi cultura o que no me sienta orgulloso de mi herencia. Estoy orgulloso de mis compatriotas indios, de nuestra contribución al mundo actual y de todo el éxito que han logrado algunos indios contemporáneos. El director general de Microsoft, el director general de Google, el director general de Pepsi-Cola e incluso nuestra vicepresidente entrante son todos indios o de ascendencia india. Somos médicos, abogados, líderes empresariales y estrellas de cine. Así que estoy orgulloso de nuestra cultura. Lo que quiero decir es que no tenemos por qué focalizarnos sobre nuestras debilidades; aquellos que hemos triunfado, logrado nuestros objetivos y alcanzado nuestro estatus en la vida — en Estados Unidos —, no recurrimos a tales enfoques.

Si siguiéramos centrándonos en nuestras debilidades, solo serviríamos para criar a un grupo de personas débiles en nuestras generaciones futuras. Todo el mundo me pregunta cómo he criado a cuatro hijos muy diferentes que tienen cada uno un talento tan asombroso. Mi respuesta es siempre la misma. Yo no los crie. Los crio Dios. Yo solamente crie a los hijos de Dios.

En mi viaje para descubrir quiénes eran los británicos que nos habían conquistado, y cómo parecían haber dominado tan fácilmente mi país natal – donde eran tan inferiores en número –, descubrí que los británicos no son intrínsecamente malas personas; son buenos. Y a pesar de todas sus fechorías, lo cierto es que los británicos contribuyeron enormemente a la modernización de la India. Construyeron el sistema ferroviario que unía el norte con el sur, el este con el oeste. Si no fuera por esta asombrosa infraestructura, la India podría seguir siendo hoy una serie de pequeños países enfrentados, sin dirección. También nos enseñaron inglés, regalándonos la lengua universal, que ha desempeñado un papel clave en nuestro ascenso como participantes y líderes en la economía global.

Y claro que sufrí discriminación mientras estuve en el Reino Unido, pero también conocí a gente realmente estupenda. Una de las cuales era una persona muy culta y, de hecho, miembro lejano de la familia real, que se hizo amigo mío y me ayudó sin que ello supusiera un gran beneficio para él. Si me hubiera centrado en las injusticias cometidas contra mi país por la aristocracia británica, nunca habría podido disfrutar de los gentiles dones que Sir Gray me concedió profesional y socialmente.

Todas las lecciones que he tenido la suerte de aprender a lo largo de mi vida, en cuatro continentes distintos y en campos que van desde la medicina a los bienes raíces, pasando por la banca y ahora la construcción y el desarrollo inmobiliario, me han llegado acompañadas de las almas amables y generosas que me enviaron sin que yo tuviera nada que ver en ello; y también llegaron a través del poder del perdón que me inculcaron hace tantos años mientras me arrodillaba junto a mi madre en oración en el santuario de san Antonio.

Este es mi deseo: que lo que has leído – o leerás – aquí te sirva de motivación, independientemente de tu historia personal o lugar de origen. Nada es imposible si tus intenciones son correctas y haces el esfuerzo correcto, pues todos estamos rodeados por quienes tienen los medios, el peso y la oportunidad de ayudar(te). Nadie se abre camino en este mundo por sí solo, ni obtendrás un éxito duradero sin antes dominar el poder del perdón.

"Nunca te rindas: siempre hay una puerta trasera".

Dr. Lenny Peters

ACERCA DE LA FUNDACIÓN
LENNY PETERS

Creada en 2006, la Lenny Peters Foundation se enorgullece de ser una mano caritativa en Carolina del Norte y el resto del mundo. La fundación concede subvenciones o donativos benéficos a personas y familias necesitadas de la Triada del Piamonte, así como a muchas otras organizaciones benéficas de EE. UU. El Dr. Peters, un firme creyente en la filantropía, reconoce sus humildes orígenes.

A través de la Fundación Lenny Peters ha creado y financia actualmente los siguientes centros: Jayamatha Boys Home, India; Lenny Peters Home for Girls, India; Lenny Peters Home for Palliative Care Center, India; Lenny Peters Prayer Center, India; Lenny Peters Home for Children, Johannesburg, South Africa; Lenny Peters Divine Mercy Home, India; Lenny Peters Home for Child Protection, India; and Lenny Peters Home for Family Welfare, India.

Las ganancias que genere este libro serán destinadas a ayudar a niños huérfanos y a enfermos de cáncer, a través de la Lenny Peters Foundation.

El Dr. Lenny Peters atribuye a su arraigada fe cristiana, a la devoción de su madre y al ejemplo de su abuelo de retribuir a su comunidad, como los principios que lo han mantenido con los pies en la tierra a lo largo de su exitosa carrera. La misión de Peters aún no ha terminado, pero ha traspasado todos los negocios a su talentosa hija, Elise Peters Carey; él ahora centra su tiempo y energía en su familia, su comunidad y sus intereses benéficos. Para más información sobre la fundación, o para hacer una aportación, visita lennypetersfoundation.org.